KB109113

역사저널

그날

고려 편

3

역사저널

그날

고려 편

3

만적에서 배중손까지

KBS 역사저널 그날 제작팀

민음사

서문　또 하나의 전통, 고려 500년의 '그날'을 찾아서

고려는 어떤 나라였을까? 조선보다 훨씬 덜 알려져 있고, 더 오래전의 신라보다도 오히려 덜 알려진, 미지의 나라가 아닐까? 하지만 고려는 우리 역사상 두 번째 통일의 경험을 가지고 있으며, 다양성과 개방성이 살아 있어 오늘날 우리가 배울 점이 있는 나라였다. 지방 사람들이 세운 나라였고, 화려한 귀족 문화가 발전한 나라였으며, 불교와 유교가 공존한 나라였고, 넓은 세상과 교류한 나라였다. 그 수명은 조선과 엇비슷한 475년이었다. 이런 고려를 미지의 상태로 남겨 둔다면 우리의 한국사 지식은 불완전할 수밖에 없다.

KBS의 「역사저널 그날」은 2013년 10월에 첫 방송을 시작한 이래 역사적 사건의 계기가 된 '그날'을 얘깃거리 삼아 역사의 재미와 의미를 함께 전달하는 프로그램으로 자리를 잡아 왔다. 그리고 방송의 성공에 힘입어 2016년 한 해 동안 새로운 도전에 나섰다. 고려의 역사를 처음부터 끝까지 다루기로 한 것이다. 시청자들에게 생소한 내용을 방송에서 다룬다는 것이 결코 쉬운 일이 아니었지만, 그해 3월 27일의 제117회 방송에서 시작해 12월 4일의 제149회 방송으로 마무리하면서 고려사를 완주했다. 미지의 역사에 대한 시청자들의 뜨거운 관심, 그리고 한국사 지식의 공백을 메우고자 한 제작팀의 열의가 낳은 결과였다. 그렇게 방송된 내용을 다시 한번 정리하여 네 권의 책으로 내놓게 되었다.

『역사저널 그날』 고려 편의 제3권은 1198년에 일어난 만적의 신분 해방운동에서 시작해 1273년에 삼별초의 항쟁이 실패로 끝난 날까지 약 100년의 역사를 다룬다. 만적과 삼별초의 항쟁은 모두 민초들이 주인공이 된 사건이니, 민심과 민의가 활발하게 불타오르는 장면을 보게 될 것이다. 사실은 이 사이에 몽골의 침략에 대한 항쟁이라는 묵직한 주제가 끼어 있다. 전쟁사는 '고려와 몽골의 싸움'이라는 식으로, 대개 국가를 주체로 삼지만, 전쟁 중에 민초들이 어떠한 움직임을 보였는지가 매우 중요하다. 전쟁이 일어나면 백성들은 이유를 불문하고 국가를 위해 나가 싸워야 했을까? 근대 민족국가가 성립된 이후라면 국민으로서 애국이 당연한 도리겠지만, 옛날의 백성들도 그랬을까?

왕과 호족, 문벌 귀족, 향리, 무신 등 지배층을 주인공으로 하는 고려사는 언제나 충분하지 못하다. 인구의 대다수를 차지한 피지배층에 관한 이야기가 빠져 있기 때문이다. 우리는 아직 그들을 부르는 이름조차 말하지 않았다. 고려 시대에도 보통 사람들을 백성으로 불렀을까? 고려에도 노비가 있었을까? 도살업에 종사하는 최하층 천민을 가리키는 백정이라는 말도 쓰였을까?

고려 시대에는 인구의 대다수를 차지하는 보통의 양인들을 백정으로 불렀다. 백성은 백정보다 높은 신분에 있는 사람들, 즉 향리 등 하급 지배층을 부르는 말로 사용되었다. 그러던 것이 조선 시대에 들어와 백성이 보통 사람을 가리키게 되면서 백정은 그 아래의 천민을 가리키는 말로 뜻이 변한 것이다. 그런데 고려에서는 같은 신분이라도 사는 곳에 따라 사회적 지위가 달랐다. 즉 일반 군현에 사는 사람들과 향·소·부곡에 사는 사람들을 구별했는데, 일반 군현에 사는 양인들을 백정이라고 한 데 대하여 향·소·부곡에 사는 양인들은 잡척이라고 불렀다. 한참 전에는 잡척을 집단 천민이라고도 했지만, 이들은 국가에 세금과 노동력을 납부하는 의무를 졌으므로 엄연한 양인이었다. 그리고 잡척 아래에 천민이 있었는데, 천민의 대다수는 이때도 역시 노비였다.

'민란의 시대: 왕후장상의 씨가 따로 있나'는 노비 만적의 신분 해방운동을 중심으로 꾸몄다. 멀리 청동기 시대에 신분이 처음 발생한 이래 양인과 천민의 구별이 신분제도의 큰 뼈대를 이루어 왔다. 전쟁 포로나 빚 때문에 몰락한 사람들, 반역을 꾀했던 사람들이 천민이 되었는데, 우리 역사에서 개별적으로 천민 신분에서 벗어난 사례는 있지만, 천민 신분을 없애려고 한 것은 만적이 유일하다. 그것 말고도 무신 집권기에는 민란이 많이 일어났다. 왜 그랬을까? 당시 사회를 그저 혼란했다고만 하지 말고, 밑바닥에서부터 민초들의 에너지가 분출한 것으로 이해하면 역사를 보는 새로운 관점을 얻을 수 있을 것이다.

'특명: 최충헌을 암살하라'는 최충헌 암살 미수 사건을 소재로 하여 정치 세력 간의 권력투쟁을 다루었다. 하지만 최씨 정권에 대한 평가를 피지배층의 입장에서 해 본다면 어떻게 될까? 그다음 네 개의 에피소드는 몽골의 침략에 대한 고려의 항전에 시기별로 나누어 접근했다. '전쟁의 서막: 몽골 사신 제구예, 살해되다'는 1218년에 고려와 몽골이 맺은 형제 맹약에서 몽골 사신 제구예 피살 사건까지를, '몽골과의 화친, 그 후: 고려, 다시 항전을 꾀하다'는

1231년의 몽골 제1차 침입에서 고려의 강화 천도까지를, '승려 김윤후, 세계 최강 몽골군을 두 번 무찌르다'는 몽골과의 전투에서 두 차례나 승리를 거둔 김윤후의 특집을, '쿠빌라이와 원종의 만남, 고려의 운명을 바꾸다'는 1259년에 성립한 고려와 몽골의 강화를 다루었다. 이 전쟁의 역사를 민초들의 시각에서 보아주기 바란다. 그렇게 했을 때야 비로소 '삼별초, 또 하나의 고려를 세우다'에서 다루는 삼별초의 항전을 제대로 평가할 수 있을 것이다.

필자는 「역사저널 그날」의 고려 편 방송에 빠짐없이 출연하면서 주제 설정에서부터 구체적인 사실 체크까지, 프로그램을 제작하는 데 많은 정성을 쏟았다. 고려 시대사 연구자로서 고려를 더는 미지의 역사로 남겨 두어서는 안 되겠다는 생각 때문이었다. 채 1년이 못 되는 방송 기간이 고려 시대의 역사를 제대로 전달하기에는 충분치 못했으나, 조선과는 다른 500년의 전통이 있음을 알리는 데는 성공했으리라고 믿는다. 마침 지난 2018년은 고려가 건국된 지 1100년이 되는 해여서 많은 기념행사가 있었다. 이 책의 간행을 계기로 고려사에 대한 관심과 애정이 다시 한번 일어나기를 바란다. 그뿐 아니라 고려가 가지고 있던 다양성과 개방성의 전통을 오늘날 되살릴 수 있으면 더욱 좋겠다고 생각한다.

「역사저널 그날」에 패널로 함께 출연했던 류근, 이윤석, 이해영, 최태성 등 여러분과 최원정 아나운서에게 감사드린다. 이분들 덕분에 낯선 고려의 역사를 친숙하게 전달할 수 있었다. 또한 김종석 책임 피디를 비롯한 황범하, 정병권, 이내규, 최지원, 이승하, 김종서 등 피디들과 김세연, 최지희, 김나경, 한선보, 김서경 등 작가들에게도 감사드린다. 이분들이야말로 이 프로그램의 막후에서 활약한 주인공들이었다. 아울러 「역사저널 그날」 고려 편 방송을 모두 함께하면서 고려와 조선을 놓고 갑론을박하며 이야기의 중심을 잡아 준 신병주 교수에게 특별히 고마움을 전한다. 마지막으로 그 누구보다 「역사저널 그날」을 사랑해 주신 시청자분들께 감사드린다. 그때의 재미와 감동이 이 책을 통해 다시 한번 되살아나기를 기대한다.

서울시립대학교 국사학과 교수
이익주

차례

서문 또 하나의 전통, 고려 500년의 '그날'을 찾아서 5

1 민란의 시대: 왕후장상의 씨가 따로 있나 11

고려에 민란의 시대가 열리다 • 우리 역사상 최초로 일어난 노비의 난 • 노비 만적은 누구? • 노비들의 결의 사항 • 노비 만적의 난: 왜 '丁' 자인가? • 노비들의 반란, 성공 가능성은? • 추적 그날: 노비 평량의 주인 살해 사건 • 노비 평량 사건의 결말 • 노비들의 심상치 않은 행보, 대체 왜? • 민란의 시대: 농민들의 삶 • 망이·망소이의 난 • 망이·망소이의 난: 왜 공주 명학소인가? • 공주 명학소민들은 왜 난을 일으켰나? • 망이·망소이의 난: 제1차 봉기의 승리 비결 • 망이·망소이의 난, 그 결과 • 만적의 난: 결말 • 민란의 시대가 남긴 것

2 특명: 최충헌을 암살하라 45

끊임없이 이어진 최충헌 암살 시도 • 교정도감과 도방 • 최충헌 암살 시도의 주모자는? • 최충헌과 희종의 관계 • 희종은 왜 최충헌을 암살하려 했나? • 고려 뉴스: 폐태자 왕숙, 개경으로 돌아오다 • 네 명의 왕을 정한 최충헌 • 고려 뉴스: 거란, 다시 쳐들어오다 • 거란의 고려 침략: 최충헌의 대응은? • 최충헌의 죽음과 성공 비결 • 최충헌이 남긴 영향

3 전쟁의 서막: 몽골 사신 제구예, 살해되다 79

몽골 사신의 살해, 그 여파는? • 고려와 몽골의 첫 만남 • 형제 맹약: 고려와 몽골의 동상이몽 • 추적 6분: 몽골 사신 피살 사건의 진실 • 제구예 살해 사건의 범인은? • 몽골, 고려를 침략하다 • 고려–몽골 제1차 전쟁: 귀주성 전투 • 귀주성 전투의 영웅들

4 몽골과의 화친, 그 후: 고려, 다시 항전을 꾀하다 115

위기에 처한 고려가 선택한 길은? • 몽골의 제1차 침입: 유린당한 고려 • 고려, 몽골과 화친을 맺다 • 협상의 달인 고려 • 고려의 히든카드, 천도 • 걸어서 강화 속으로 • 손돌목 전설의 진실은? • 강화도의 전략적 가치 • 강화 천도: 찬성 대 반대 • 천도를 반대한 김세충은 어떤 인물? • 강화 천도를 위한 최우의 자작극? • 강화 천도, 작전? 도피? • 고려의 전략: 산성·해도입보책 • 고려의 아트 외교 • 몽골이 강화도를 침략하지 않은 이유? • 고려를 침략한 몽골의 진짜 목표? • 전쟁에 시달린 고려 백성들의 삶

5 승려 김윤후, 세계 최강 몽골군을 두 번 무찌르다 147

문제로 풀어 보는 그날의 인물 · 처인성 전투의 영웅, 김윤후는 누구? · 몽골군 총사령관 살리타이의 죽음 · 몽골군 총사령관 살리타이를 사살한 무기는? · 살리타이를 누가 사살했나? · 처인성 전투 승전, 그 후 · 처인성 전투 승리의 이면 · 몽골의 앞잡이 홍복원 · 끝나지 않는 몽골의 침략 · 고려 뉴스: 몽골의 제5차 침입 · 충주성 전투: 김윤후의 재등장 · 충주성 전투 승전, 그 후 · 역사에서 잊힌 인물, 김윤후

6 쿠빌라이와 원종의 만남, 고려의 운명을 바꾸다 181

고려 태자의 선택은? · 쿠빌라이는 누구? · 쿠빌라이와 원종의 만남 · 28년 전쟁의 끝, 강화 · 최씨 무신 정권의 붕괴 · 원종을 반긴 쿠빌라이 · 고종의 죽음 · 쿠빌라이의 호의 · 원종의 대국민 담화: 고려의 여섯 가지 강화 조건 · 원종과 쿠빌라이의 만남, 의도인가, 우연인가? · 몽골의 여섯 가지 요구 · 김준을 제거한 원종 · 고려 뉴스: 태자 심 귀국 현장 · 원종 폐위 사건 · 원종과 쿠빌라이, 그 역사적 만남

7 삼별초, 또 하나의 고려를 세우다 219

우리가 아는 삼별초? · 삼별초의 실체 · 강화도에서 봉기한 삼별초 · 진도로 간 삼별초 · 삼별초군 대 연합군: 해상 전투 현황 및 전쟁과 깃발 · 승승장구 삼별초군 · 삼별초 항쟁과 백성들의 반응 · 삼별초를 회유하려는 몽골의 시도 · 고려 뉴스: 삼별초, 일본에 외교문서를 보내다 · 삼별초의 항몽 연합 전선 결성 시도 · 삼별초 진도 조정의 몰락 · 제주도로 간 삼별초 · 삼별초의 최후

주 253

이 책에 도움을 주신 분들 256

일러두기

- 이 책의 본문은 KBS 「역사저널 그날」의 방송 영상과 대본, 방송 준비용 각종 자료 등을 바탕으로 하되, 책의 형태에 맞도록 대폭 수정하고 사료나 주석, 그림을 보충하여 구성했다.
- 각 장의 도입부에 있는 '그날을 만나면서'는 이익주(서울시립대학교 국사학과)가 집필했다.
- 본문에서 인용한 사료는 『고려사』와 『고려사절요』 등을 바탕으로 하되, 본문의 맥락에 맞게 일부 축약·수정하였다. 원본 사료는 국사편찬위원회의 '한국사 데이터베이스' 홈페이지(db.history.go.kr)나 한국고전번역원의 '한국 고전 종합 DB'(db.itkc.or.kr) 등을 통해 확인할 수 있다.
- 사료에 표시된 날짜는 해당 문헌에 쓰인 날짜이다. 사료들의 날짜는 주로 양력이 아니라 음력이다.
- 이 책의 82, 98, 132, 137, 166, 196, 210, 222, 247쪽 배경에 사용된 그림은 일러스트레이터 붓질의 작품이다.

민란의 시대: 왕후장상의 씨가 따로 있나

1170년에 무신 정변이 일어나고 한동안 무신들 사이에 권력투쟁이 전개되었을 때, 다른 한편에서는 민란이 일어났다. 우리 역사에서 민란이 가장 많이 일어난 세 시기를 꼽는다면 9세기 말(신라 말)과 12세기 말 무신 집권기, 18세기(조선 말) 세도정치기를 들 수 있을 것이다. 그래서 무신 집권기는 무신의 시대이기도 하지만, 민란의 시대이기도 하다.

무신 정변 이후 민란은 1174년에 서경(지금의 평양)에서 일어난 조위총의 난으로 시작된다. 조위총은 민이 아니었고, 단지 무신 정변에 반대하는 또 다른 정변을 일으켰던 것이지만, 서경 일대의 민들이 이에 호응함으로써 민란으로 발전했다. 조위총의 난이 3년 만에 진압된 뒤에도 민란은 계속되었는데, 조정에서는 이들을 '서적(西賊), 즉 서쪽의 도적이라고 불렀다. 충청도에는 '남적(南賊)'이 있었다. 1176년에 공주 명학소에서 망이와 망소이가 봉기했는데, 이 민란은 일반 군현에 비해 차별 대우를 받던 소에서 일어난 것이라는 점에 의미가 있다. 차별이 민란의 원인이었음은, 당시 조정에서 명학소를 충순현으로 승격시키는 것으로 민란을 진정시키려 했던 데서 엿볼 수 있다. 또한 1193년에는 경상도 운문(지금의 청도)에서 김사미가, 초전(지금의 울산)에서 효심이 민란을 일으켰다. 이들은 세력을 합쳤는데, 밀성(지금의 밀양) 전투에서 무려 7000명이 죽임을 당했다는 기록에서 그 규모를 짐작할 수 있다.

이 세 민란이 가장 유명하지만, 무신 정변 이후에는 그 밖에도 전국 각지에서 민란이 일어났다. 왜 그랬을까? 민란이 일어날 소지는 이미 무신 정변 이전부터 싹트고 있었다. 11세기 평화의 시기에 농업을 중심으로 경제가 발전했지만, 그 발전의 결실은 모두가 잘사는 세상을 만드는 데 쓰이지 못하고 소수의 특권층에 의해 독점되었다. 그것을 둘러싼 지배층의 대립이 이자겸의 난, 묘청의 난, 무신 정변으로 나타났던 것이지만, 그와 동시에 지배층과 피지배층 간의 갈등이 서서히 나타나고 있었다. 그것은 권력자들이 피지배층의 토지를 빼앗아 차지하는, 탈점(奪占)에서 시작되었다.

농업이 발달하면서 자연히 토지를 소유하려는 욕구가 강해졌다. 동시에 권력이 소수에게 독점되면서 권력을 이용한 토지 탈점이 횡행했다. 그 결과 권력자들은 넓은 토지를 차지할 수 있었지만, 수많은 백정과 잡척 농민들은 자기 토지를 빼앗기고 생존의 위기에 내몰렸다. 이들은 소작인이 되거나 노비로 전락하기도 했고, 일부는 본거지를 떠나 떠돌아다니는 길을 택했다. 이를 유망(流亡)이라고 하는데, 이것부터가 저항의 시작이었다.

유망한 사람들이 산간에 모여 도적이 되고, 일정한 조건이 갖춰지면 민란으로 확대되었다. 실제 『고려사』를 보면, 11세기 말에 유망이 잇따라 마을이 비었다는 기록에서 시작해 12세기에는 도적이 많다는 기록이 나오다가 점차 민란 기록이 나타난다. 민란은 무신 정변 이후에 주로 발생하는데, 권력을 잡은 무신들의 토지 탈점이 계속되었을 뿐 아니라,(또는 더욱 심해졌을 뿐 아니라) 무신들이 서로 싸우는 동안 지방에 대한 통제력이 약해진 것이 그 원인이 되었다. 일반적으로 지배층의 불법행위에 대한 민의 불만이 커지고, 그 불만이 폭발하는 것을 막는 힘이 약화되었을 때 민란이 발생하는데, 무신 정변이 그 두 가지 조건을 만들어 주었던 것이다.

한편 만적의 신분 해방운동은 다른 민란과는 성격이 달랐다. 무신 정변 이후에 정치 기강이 무너지면서 천민 가운데 출세하는 사람들이 생겼고, 그에 고무받아 만적이 천민 신분을 없앨 것을 주장했던 것이다. 만적의 거사는 비록 실패했지만, 우리 역사상 처음으로 노비들의 신분 해방 의지를 보여 주었다는 점에서 역사적으로 큰 의미가 있었다. 만적의 연설은 노비도 사람이며, 노비들이 신분을 운명적으로 받아들이고 순응하기만 한 것이 아니라는 사실을 웅변으로 보여 주었기 때문이다.

고려에 민란의 시대가 열리다

이광용 1170년, 무신 정변으로 시작된 무신 정권 시대의 또 다른 이름을 아십니까? 바로 민란의 시대입니다. 많은 농민이 가세한 조위총의 난이 일어난 서경에 이어 명학소와 가야산, 청주, 운주, 전주, 남원, 담양, 합주, 운문, 초전, 진주, 밀성, 충주, 개경, 철원 외에도 수많은 지역에서 민란이 발생합니다. 100년간 이어진 무신 정권 시대 동안 무려 일흔다섯 건에 달하는 민란이 일어났습니다. 거의 매년 난이 발생한 고려 최대의 반란기였던 것이지요. 그런데 이 가운데서도 유독 주목하게 되는 난이 있습니다. 우리 역사상 최초라는 타이틀을 단 이 난은 과연 무엇일까요?

노비 만적의 난

1198년 5월, 개경의 북산으로
한 무리가 모여들었다.

무리의 정체는 다름 아닌 노비들!
그 중심에는 사노비 만적이 있었다.

"경인년에 거병해 조정과 군부를 움켜쥐고
권세를 휘두른 자들은 우리 같은 천출이었다.
하늘이 사람을 세상에 귀천 없이 내시었거늘
왕후장상에 어찌 씨가 따로 있겠는가?"

천한 노비도 사람답게 살 수 있는 세상을 꿈꾸며
천민의 신분을 뛰어넘으려 한 노비 만적의 난!

고려 사회에서 가장 낮은 신분인
노비들의 반란이 시작된 것이다!

우리 역사상 최초로 일어난 노비의 난

최원정 조금 특이하게도 노비들이 민란의 주역이네요.

최태성 교과서에서 고려 시대를 배울 때 아주 중요하게 다루는 부분이 잖아요. "왕후장상의 씨가 따로 있느냐?"라는 유명한 대사도 나오고요.

이윤석 그러면 만적의 난은 시험에 자주 나옵니까?

최태성 매우 중요한 부분이어서 당연히 시험에도 자주 출제됩니다. 만적의 난이 개경에서 일어났다는 것도 중요하고요.

신병주 만적이라는 인물의 신분에 특히 주목해야 합니다. 노비는 크게 보면 관청에 근무하는 공노비와 개인에게 예속된 사노비로 나뉘는데, 사노비는 다시 두 가지 부류로 나뉩니다. 외거노비라고 해서 따로 집을 얻어 사는 노비가 있는가 하면, 주인에게 완전히 예속되어 사는 솔거노비가 있죠. 만적과 같은 인물들은 사노비 중에서도 가장 종속적이고 노예적인 삶을 살았던 신분이고요.

이윤석 우리나라에서 민란이라고 하면 주로 수탈받는 농민들이 봉기하는 모습이 떠오르는데, 이렇게 노비가 주동이 된 반란은 만적의 난이 거의 최초가 아닙니까?

이익주 그렇습니다. 만적의 주장 중에는 "우리가 주인을 모두 죽이고 천적을 불살라 삼한의 천민을 없애면"이라는 아주 주목되는 대목도 있습니다. 그러니까 자기들이 노비 신분에서 해방되어 개인적으로 권력을 잡자고 주장하는 것이 아니라, 고려에 있는 천민이라는 신분을 모두 없애자고 주장한 것이지요.† 이 때문에 만적의 봉기가 신분 해방운동으로 평가받는 것입니다.

류근 "왕후장상의 씨가 따로 있나? 삼한의 천인을 다 없애자."라고 말했다는 것 자체가 참 놀라워요. 신분 해방이라는 구호를 천민 스스로 외친 거 아닙니까?

병마용의 병사들 진시황은 만리장성과 진시황릉 등을 건설하는 거대한 토목공사에 백성들을 동원함으로써 반발을 샀다.

신병주 "왕후장상에 어찌 씨가 있겠는가!"라는 말은 만적의 독창적인 발언은 아닙니다. 중국 진시황의 진나라가 멸망한 가장 큰 원인 중 하나가 진승과 오광의 난[1]이라는 농민반란인데, 그때 반란군의 지도자인 진승이 한 말이에요. 그 말이 중국에서 전해 내려오면서 고려에도 알려져 그 당시에 만적과 같은 하층민들도 그 내용을 알았던 겁니다.

† "우리가 성 안에서 벌떼처럼 일어나, 먼저 최충헌을 죽인 뒤 각기 자신의 주인을 죽이고 천적(賤籍)을 불태워 삼한에서 천인을 없애면, 공경장상(公卿將相)이라도 우리가 모두 할 수 있을 것이다."
—『고려사』「최충헌 열전」

노비 만적은 누구?

이윤석 만적이 최충헌의 노비라는 말도 있던데요. 근데 최충헌이라면 천하의 이의민을 꺾고 명종을 폐위한 다음에 신종을 옹립해 무소불위의 권력을 휘두른 자가 아닙니까? 그 주인에 그 노비라고, 서당 개 3년이면 풍월을 읊듯이 최충헌네 집 노비 정도 되면 주워들은 말도 있고 정치의식에도 빨리 눈을 떠서 장상을 꿈꾸지 않았을까 싶어요.

이익주 사실 기록에는 만적이 그저 사동(私僮)이라고만 되어 있고, 최충헌의 사노비였다고는 확인되지 않습니다. 다만 만적의 난이 『고려사』「최충헌 열전」에 기록되어 있기 때문에 최충헌의 사노로 해석하는 것인데, 두 사람의 관계가 분명하지는 않습니다.

류근 만적이 몰락한 귀족 가문 출신이 아닐까 하는 추측은 좀 어떨까 싶어요. 선대가 역모 사건에 연루되어 노비로 전락하는 사례가 있잖아요. 그러면 원래는 천민이 아니었으니까 왕후장상의 씨가 따로 없다고 말하거나 신분 해방을 외칠 수 있는 기반이 있는 셈이죠.

이윤석 무신 정변 때 문신이 많이 몰락했잖아요. 그들의 후예일 수도 있겠네요.

류근 수백 명을 선동할 줄 알잖아요. 남다른 무언가가 있는 것 같아요.

이익주 저는 만적이라는 이름부터 좀 남다르다고 생각합니다. 일 만 만(萬) 자에 쌓을 적(積) 자이니까 일단 한자로 쓸 때 획수가 많습니다.

류근 재산을 모아 부자가 되기를 바라는 전형적인 이름인데요? 괜히 지은 이름이 아니에요.

이익주 기록을 보면 그 당시 노비들 이름은 실제로 부르는 이름을 한자로 음차해 놓았습니다. 예를 들어 만적과 함께 거병을 모의했던 다른 다섯 노비의 이름은 미조이와 연복, 성복, 소삼, 효삼입니다. 그런데 만적은 이름부터가 좀 남다르죠.

류근 좀 더 발전했을 조선 시대에도 종의 이름이라고 하면 마당쇠나 돌쇠를 떠올리잖아요. 그런데 고려 시대에 노비 이름으로 만적과 같은 이름이 있었다는 것도 좀 특이해요.

최원정 칠득이나 팔득이 같은 이름이 아니라는 게 의미심장한데요.

최태성 이름부터가 평범한 노비는 아니라는 느낌이 오잖아요. 난을 일으키는 과정을 보면 진짜 평범하지 않다는 것을 알 수 있습니다. 정말 구체적인 계획을 가지고 난을 일으키거든요.

노비들의 결의 사항

만적 이 '丁' 자가 적힌 종이가 거사에 의기투합한 노비들의 표식일세. 거사일에 이 표식을 보이면 우리끼리 피를 보는 일은 없을 것이네.

순정 거사일은 언제로 택일하였는가?

만적 이번 갑인일에 흥국사에 모여 거사할 것이네. 최충헌을 비롯한 조정과 군부의 수장들을 모조리 참살할 것이야. 그런 연후에 각자의 주인들을 죽이고 노비 문적을 불태워 버리세.

미조이 고관대작 놈들만 모조리 도륙 낸다면 우리 중에서 공신이 나오고 재상 자리와 장군 자리도 차지할 수 있을 것이외다.

만적 갑인일까지 우리의 거사가 발각되는 일이 없도록 언동을 조심하고 또 조심해야 할 것일세!

노비 만적의 난: 왜 '丁' 자인가?

최태성 정말 치밀하게 반란을 계획하고 있어요. 고무래 정(丁) 자가 적

고무래 곡식을 그러모으고 펴거나, 밭의 흙을 고르거나
아궁이의 재를 긁어모으는 데 쓰는 기구다.

흰 종이를 나눠 주면서 우리는 하나의 팀이자 같은 편이라는 징표로 삼은 거잖아요. 이런 계획을 보면 만적이라는 사람은 조직화하고 선동할 수 있는 기질을 가진 사람이라는 것을 알 수 있죠. 평범한 사람이 아닙니다.

류근 보통 사람이 아니네요. 추수가 끝난 시골에 가면 벼가 쌓여 있잖아요. 벼를 나락이라고도 하는데, 그 나락을 널어 말릴 때 쓰는 농기구가 고무래예요. 지금도 흔히 볼 수 있는데, 그 모양이 딱 '丁' 자처럼 생겼어요. 노비들이 일상생활에서 흔하게 접하는 농기구이다 보니까 고무래 정 자를 표식으로 정했을 수도 있겠다 싶어요.

최원정 거사하는 날 무기로 고무래를 들고 나오라는 암호 같은 건가요? 교수님, 왜 하필이면 고무래 정 자를 표식으로 썼을까요?

이익주 글쎄요. 기록에는 나와 있지 않습니다만, 그 당시에 가장 알기 쉬운 한자가 고무래 정 자였겠죠. 글을 모르는 수많은 노비도 알 수 있는 단순한 기호로서 고무래 정 자를 쓰지 않았을까 합니다.

노비들의 반란, 성공 가능성은?

이윤석 근데 신분 해방은 당위성이 있고 바람직한 매우 좋은 말이기는 한데, 솔직히 제가 만약에 그 시대의 노비였다면 '과연 우리만의 힘으로 이 세상을 바꿀 수가 있을까?'라는 걱정과 의구심도 있었을 거 같아요. 처음에는 '그래, 우리 한번 해 볼까?'라고 생각하지만, 돌아서면 약간 겁이 날 것 같습니다. 제가 태어났을 때부터 노비였으면 '아, 원래 이렇게 사는 건가? 내 자리는 원래 여기인가?'라고 생각하면서 살지 않았을까요? 무언가 상상하고 꿈을 꾸는 것도 본 게 있어야 하는데, 신분 해방을 내건 반란은 만적의 난이 거의 최초잖아요.

신병주 이때의 노비들은, 특히 무신 집권기의 노비들은 상당히 힘을 갖고 있어요. 무신 정권의 사병 노릇도 해야 하니까요. 따라서 노비들도 무인적인 기질 같은 것이 분명히 있었을 겁니다. 게다가 자기 상전도 힘으로 최고 권력자가 되니까 '어? 나도 할 수 있지 않을까? 나도 힘이 세고, 내 밑에도 힘센 사람이 몇 명 있는데, 주변에 물어보니까 다들 우리 한번 바꿔 보자고 하네?'라고 생각하는 거죠. 그래서 만적이 '丁' 자가 적힌 표식을 수천 장 만들어 나눠줬다고 해요. 성공할 수 있다고, 뭔가 승산이 있다고 본 겁니다.

최태성 당시에 노비들이 사는 모습을 보면 말이나 소의 수준보다도 더 떨어지는 위치에 있거든요. 노비는 매매와 상속, 증여의 대상이었어요. 그리고 매매가도 정해져 있어요. 고려 말에는 말 한 마리에 노비 두세 명이 붙어요.† 노비가 그 정도 가격으로 매겨진다는 이야기죠.

아이티 혁명 노예들의 혁명이 최초로 성공하는 것을 보려면 1791년에 일어난 아이티 혁명까지 기다려야 했다.

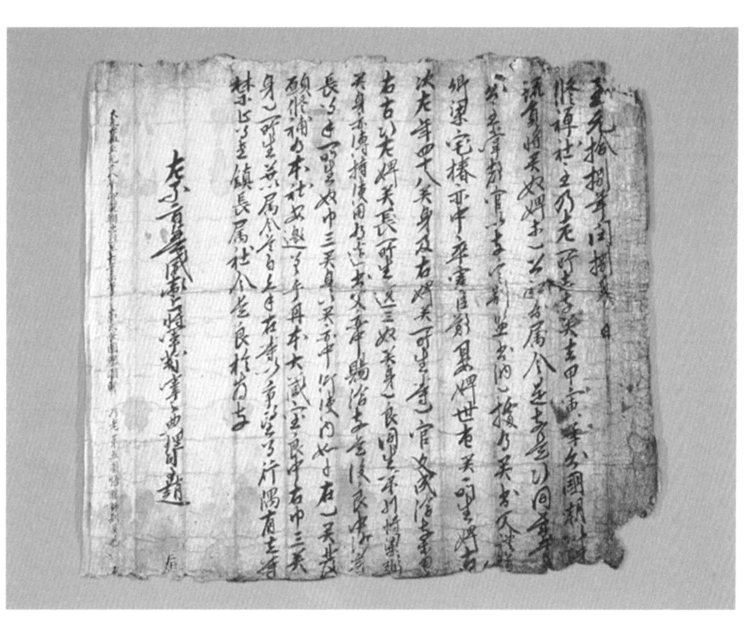

순천 송광사 고려 고문서 충렬왕 7년(1281)에 기록된 노비문서가 포함되어 있다.

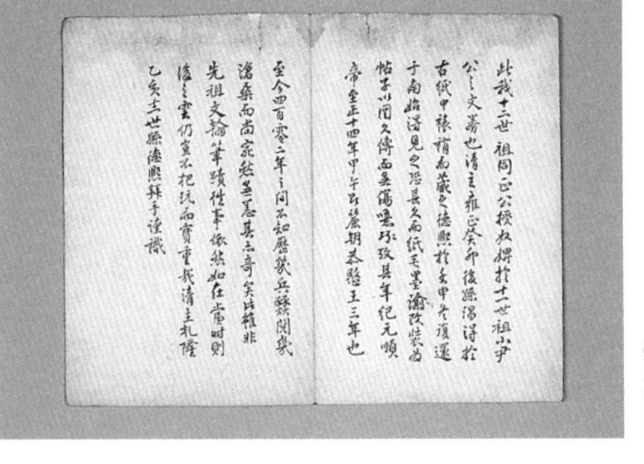

ⓒ 문화재청

윤단학 노비허여문기 및 입안 공민왕 3년(1354)에 작성된 문서로, 노비를 물려주는 절차가 자세히 나와 있다.

이윤석 아, 말이 노비보다 더 비싸네요.

최태성 그렇죠. 그만큼 노비들의 삶이 참으로 비참했기 때문에 반란에 참여할 원동력이 생길 수밖에 없습니다.

류근 이렇게 비참하게 그냥 죽느니 한번 부딪쳐나 보고 죽자는 마음이었겠네요.

최원정 근데 고려 시대에는 반란 말고 노비 신분을 벗어날 수 있는 다른 방법은 없었을까요?

이익주 거의 없다고 봐야 합니다. 꼭 고려 시대가 아니더라도 모든 시대에는 양인과 천민의 구별이 아주 엄격하죠. 마치 사람과 사람이 아닌 존재의 구별 정도로 매우 큰 차이가 있습니다.

신병주 류성룡이 임진왜란 때 전공을 세운 노비들은 천민 신분에서 풀어 주자는 면천법을 강하게 주장하고 시행하려고 할 때도 반대가 엄청났거든요. 신분 질서의 근간을 무너뜨린다는 주장이 나옵니다. 그런데 고려 시대는 류성룡이 살았던 때보다 훨씬 이전이니까 더 힘들죠.

류근 신분의 족쇄가 정말 지독하네요. 목숨보다 더 중요한가 봅니다.

최원정 예전 같으면 노비가 자기 목소리를 내고 반란을 일으킨다는 것은 상상도 할 수 없는 일이었을 텐데, 이미 그전부터 조짐이 있었다고 합니다.

† "노비가 비록 천하다고 하더라도 또한 하늘의 백성[天民]인데, 예사로 재물로 논하며 거리낌 없이 매매하고 혹은 소나 말과 이를 바꾸기도 하는데 1필(匹)의 말에 대해 (노비) 두세 명을 지급하고도 오히려 값을 치르기에 부족하니, 소와 말이 사람 목숨보다 더욱 중요하게 되었습니다.
—『고려사』「지 형법」

추적 그날: 노비 평량의 주인 살해 사건

이광용 오늘 「추적 그날」에서는 고려 사회를 충격과 공포로 몰아넣은 사건 하나를 여러분께 소개해 드릴까 합니다. 때는 1188년 여름, 한때 소감 벼슬을 지낸 왕원지의 가족은 견주에서 개경으로 이사를 가던 길이었습니다. 그런데 길목에서 갑자기 한 무리의 습격을 받습니다. 왕원지 가족은 제대로 된 저항 한 번 하지 못한 채, 무참히 살해되고 맙니다. 범인으로 지목된 이는 견주에서 산원동정이라는 벼슬을 갖고 있던 평량. 그는 대체 왜 왕원지 가족을 죽인 걸까요? 그런데 저희는 취재 중에 뜻밖의 사실과 마주했습니다. 바로 평량의 아내가 노비라는 문서입니다. 그런데 그 노비 문서의 주인은 다름 아닌 살해된 왕원지였습니다.

류근 이거 무언가 스릴러의 냄새가 나는데요? 원한 관계일까요?

이윤석 권리가 부딪히겠는데요? 평량은 자기 아내라고 주장하고, 왕원지는 자기 노비라고 주장할 수 있어요.

최원정 그러면 왕원지는 사실은 무언가 원한을 사서 도망가는 상황이었나요?

이광용 그런데 더 놀라운 사실이 하나 있습니다. 평량 역시 원래는 노비였다는 겁니다.

류근 노비라고요? 노비가 어떻게 관직에 올랐을까요?

최원정 그러게요. 아까 평량이 무슨 관직에 있다고 분명히 들었는데 말이죠. 있을 수 있는 일인가요?

이광용 모든 건 왕원지가 평량의 집으로 들어오면서 시작되었습니다. 평량은 원래 평장사 김영관의 외거노비였지만, 농사를 착실히 지어 부자가 되자 권세가에게 뇌물을 바쳐 양민이 되었습니다. 관직 또한 돈으로 샀던 것이지요. 그런데 때마침 아내의 주인인 왕원지가 형편이 어려워지면서 도리어 평량의 집에 얹혀삽니다. 이웃들은 두 집안이 함께 지내는 동안 사이가 썩 괜찮았다고 증언합니다. 그리고 살인 사건이 나기 며칠 전에 평량이 왕원지에게 개경에 가서 보태 쓰라면서 돈까지 줬다고 합니다.

최원정 그 정도로 사이가 좋았다면 그런 일이 일어날 수가 없는 거잖아요. 왕원지가 평량의 아내를 탐하기라도 했나요?

이윤석 근데 약간 무언가 수상해요. 지금 주인과 노비가 형편이 뒤바뀐 거잖아요. 제가 보기에는 조금 범죄의 냄새가 납니다. 개경으로 가라고 하면서 돈까지 준 건 여행 도중에 왕원지를 죽일 계획으로 미리 짠 계획이 아니었을까 하는 생각이 듭니다. 무서운데요.

류근 보니까 계획 살인이에요. 집에서 죽이면 들킬 테니까 돈까지 싸서 보내 주면서 그냥 사라진 것처럼 만들려고 한 겁니다. 그때는 시시티브이(CCTV)도 없잖아요.

이윤석 그러네요. 당연히 범인의 정체를 모르죠. 산적인지 뭔지 알게 뭡니까? 애초에 노비 신분에 관한 불만과 원한 같은 게 있는 거 같아요.

이광용 상당히 예리한 분석입니다. 자기가 노비라는 사실을 알고, 아내의 노비 문서까지 가진 저들만 없어지면 좋겠다는 생각에 평량은 처남들과 함께 비밀리에 왕원지 가족을 살해했던 겁니다. 실제로 평량은 왕원지가 죽자 주인이 없어졌으니 완전히 양민이 되었다며 아주 기뻐했다고 합니다.

최원정 아, 진실을 땅에 묻어 버리려 한 거군요.

이윤석 근데 좀 슬프네요. 누군가가 죽어야 자기가 해방될 수 있다니 말이죠.

이광용 사람을 죽여서라도 양민이 되고 싶었던 한 노비의 이야기. 요즘 고려 사회 내 노비들의 행보가 심상치 않은 상황에서 많은 시사점을 던져 주는 사건이 아닐 수 없습니다.

노비 평량 사건의 결말

최원정 그러니까 "널 살려 두기에는 넌 너무 많은 걸 알고 있어."였네요.

신병주 신분을 세탁하고 살아가는데 자기 비밀을 아는 사람이 거슬렸던 거죠.

최원정 계속 추리소설을 읽는 것 같아요. 근데 아무도 모르게 비밀스럽게 사건을 일으켰다는데, 어떻게 세상에 밝혀진 거예요?

최태성 이제 자유를 얻었잖아요. 그러니까 평량이 관직을 사서 아들에게 주는 거예요. 돈이 있으니까요. 그리고 처남들을 관리들의 딸과 결혼도 시키니까 그런 모습이 주위의 공분을 산 거죠. 그래서 이야기가 흘러가 어사대에 걸립니다. 어사대에 잡혀 관직에서 파면되고 귀양을 가죠. 처남 식구들은 도망쳐서 숨어 살았다고 하고요.†

이윤석 살인까지 간 하극상인데, 처벌이 유배에 그쳤다는 건 조금은 약한 처벌이 아닌가요?

이익주 왕원지를 죽인 범인은 도망간 처남들이었을 가능성이 큽니다. 평량이 받은 처벌은 살인죄가 아니라 돈을 주고 관직을 산 부분에 관한 처벌이었던 것 같습니다.

이윤석 그래서 처남 식구들이 다 도망가서 숨어 버렸군요. 자기들은 죽을 수도 있으니까요.

† 평량은 (……) 그 아들 예규가 대정(隊正) 벼슬을 얻게 하고, 팔관보판관(八關寶判官) 박유진의 딸을 아내로 맞이하게 하였으며, (처남) 인무도 명경학유(明經學諭) 박우석의 딸을 아내로 얻자 사람들이 모두 통분하였다. 이때에 이르러 어사대(御史臺)가 이들을 체포하여 신문한 후 평량을 유배 보내고 박유진과 박우석을 관직에서 파면하자, 인무와 인비, 예규 등은 모두 도망가서 숨었다.
—『고려사』「세가」 명종 18년(1188) 5월 21일

노비들의 심상치 않은 행보, 대체 왜?

신병주 주목해 봐야 할 점은 이 사건이 1188년에 일어났다는 겁니다. 이때 무신 집권자가 이의민이죠. 이의민은 아버지가 소금 장수 출신이고 어머니가 노비 출신입니다. 바로 이런 천민 출신이 최고의 권력자가 되는 것을 그 시대의 농민이나 천민이 다 봤다는 거예요. '아, 저런 사람도 되는데, 나도 무언가 될 수 있는 거 아니야?'라는 분위기가 사회 저변에 어느 정도 형성되었고, 그런 기류에 불을 댕긴 게 만적의 난이라고도 해석할 수 있죠.†

이윤석 100년 동안에 일흔다섯 건의 반란이 일어났다고 했으니까 전국에 반란의 횃불이 솟았다고 해도 무방한데, 이 모든 난이 만적의 난처럼 신분 해방을 부르짖은 난이었는지도 참 궁금해요.

† 사동(私僮) 만적 등 여섯 명이 북산(北山)에서 땔나무를 하다가, 공사(公私)의 노예들을 불러 모아서는 모의하며 말하기를, "국가에서 경인년(1170)과 계사년(1173) 이래로 높은 관직도 천예(賤隷)에서 많이 나왔으니, 장상에 어찌 (타고난) 씨가 있겠는가? 때가 되면 (누구나) 차지할 수 있는 것이다. 우리라고 어찌 뼈

빠지게 일만 하면서 채찍 아래에서 고통만 당하겠는가?"라고 하였다. 여러 노(奴)가 모두 그렇다고 하였다.
—『고려사』「최충헌 열전」

민란의 시대: 농민들의 삶

이익주 대부분은 일반 농민들의 민란입니다. 일반 농민들의 민란은 대체로 지배층이, 그러니까 권세가가 권력을 이용해 토지를 빼앗을 때 또는 국가의 수취가 과중해 살기가 어려울 때 일어나는데, 빈도를 보면 무신 정변이 일어난 1170년부터 30년 동안에 집중됩니다.

최태성 당시 농민들의 삶을 한번 살펴보겠습니다. 이윤석 씨가 고려의 농민이라고 생각해 보시고요. 고려 농민이 당시에 가졌던 토지 넓이가 1결 정도라고 해요. 1결이 어느 정도냐면 학교 운동장 넓이를 떠올리시면 됩니다. 거기서 나오는 쌀이 열여덟 석이에요. 일단 이윤석 씨네 가족이 이윤석 씨를 포함해 네 명이라고 가정해 볼게요. 그 네 명이 1년 동안 먹고사는 데 필요한 쌀의 양이 아홉 석 정도라고 합니다. 일단 아홉 석은 빼놓겠습니다.

이윤석 뭐예요? 반을 가져가는 거예요?

최태성 네. 아홉 석은 먹고살아가는 데 필요한 거니까요. 그리고 소득이 있으니 기본적으로 세금을 내셔야 할 거 아니에요? 당시에 세금으로는 조세와 공물, 역 같은 것이 있습니다. 먼저 조세는 10분의 1을 가져가요. 열여덟 석의 10분의 1은 1.8석이잖아요. 그러니까 두 석을 가져가겠습니다. 또한 공물은 특산물을 세금으로 내는 건데, 포로 따지면 서너 필 정도거든요. 쌀로 환산하면 세 석 정도 되겠네요.

이윤석 너무 막 가져가네요. 이제 네 석 남았어요.

최태성 자, 내년에 농사지으실 거예요?

이윤석 농사 안 지으면 뭐하겠어요? 직업이 농민인데요.

최태성 그러면 종자로 쓸 곡식이 필요할 거 아니에요? 한 석을 빼야 합니다. 그리고 농기구 같은 것도 필요하잖아요? 괭이도 사고 낫도 사고 가끔 소도 빌리려면 비용이 세 석 정도 필요합니다.

이윤석 너무하네요. 공수래공수거(空手來空手去)예요? 어떻게 하나도 안 남죠?

최태성 근데 이것도 살아가는 데 필요한 최소한의 것만 이야기한 겁니다. 흉년이라도 들어서 농사가 잘 안 되면, 아이가 아프기라도 하면 어떻게 하겠어요? 매우 비참한 삶을 살게 되고 노비로 전락할 수밖에 없는 거죠.

이윤석 그러네요. 농사가 최대한 잘되어야 4인 가족을 기준으로 겨우 먹고사는 정도이고, 가뭄이나 홍수 같은 자연재해가 오면 방법이 없네요. 적자가 나서 굶는 수밖에 없네요.

명학소에서 난이 일어나다

무신들이 집권한 지 6년째인 1176년 정월.
공주 명학소에서 민란이 발생했다.

"공주 예하의 다섯 개 속현 백성들이
적당 패거리를 따르고 있다 하옵니다."

난을 일으킨 망이와 망소이는 무리를 끌어모아
공주를 공격해 순식간에 함락한다.

"우리는 탐관과 토호들의 탐학과 핍박에
등골이 빠지는 고난의 세월을 참아 왔다.
이제는 조정과 황실에 약탈당한
우리의 피와 땀을 되찾을 것이다!"

위기를 느낀 고려 조정은
3000명에 달하는 토벌대를 급파하지만,
망이와 망소이의 세력에 참패를 당하고 만다.

망이와 망소이는 왜 난을 일으킨 것일까?

망이·망소이의 난

최원정 공주 명학소에서 망이·망소이의 난이 일어났습니다. 망이와 망소이라는 이름의 어감이 정말 친근해요.

최태성 그렇죠. 학교 때 배웠으니까요. 시험에 아주 잘 나옵니다. 망이·망소이의 난은 정중부 집권 시기에 일어났어요. 이때부터 민란의 시대가 시작되었다고 볼 수도 있죠.

신병주 지금 우리가 앞에서 만적의 난을 먼저 다루었는데, 시기를 보면 만적의 난은 최충헌 집권기에 일어났으니까 실제로는 망이·망소이의 난이 앞선 사건입니다.

류근 보통은 망이와 망소이를 형제로 알잖아요. 아닌가요?

최태성 같은 동네에 살면서 같이 난을 일으켰기 때문에 형제일 가능성이 높겠죠. 근데 확실히 형제라고 명시한 기록은 없어요.

망이·망소이의 난: 왜 공주 명학소인가?

이익주 망이·망소이의 난은 명학소에서 일어난 민란이라는 점에서 역사적으로 의미가 있습니다. 류근 시인님은 본관이 어디지요?

류근 저는 진주 류가입니다.

이익주 진주라는 본관은 류근 시인님 조상들의 출신지를 의미하죠. 본관은 고려 시대에 만들어진 것입니다. 그런데 고려 시대에는 본관에 해당하는 지역의 등급이 어떤지에 따라 그 사람의 지위가 달라지죠.

류근 지역마다 등급이 있어요? 좀 희한하네요.

이익주 고려 시대 지방 제도의 특징적인 모습입니다. 모든 군현이 같은 등급에 있지 않고, 크게 세 등급으로 나눠집니다. 가장 위에 있는 등급인, 지방관이 파견되는 군현을 주현으로 부릅니다. 주인 주(主) 자를 쓰지요. 그다음 등급에는 지방관이 파견되지 않고

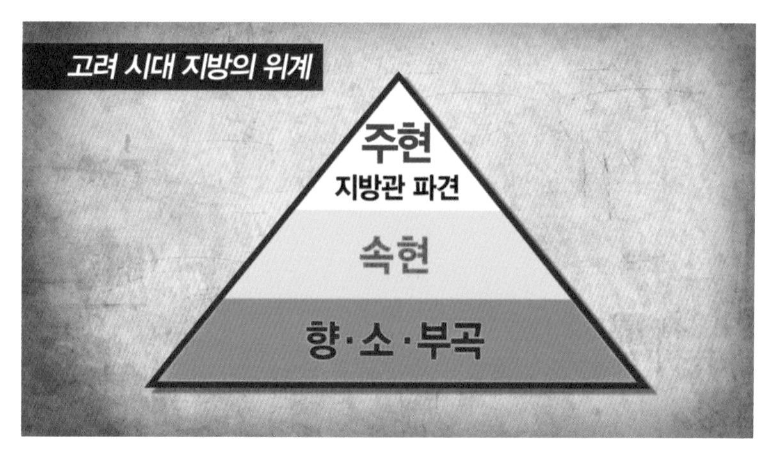

고려 시대 지방의 위계

옆에 있는 주현으로부터 간접 통치를 받는 속현이 있습니다. 그리고 가장 아래에는 향·소·부곡이 있는데, 이 향·소·부곡에 사는 사람들을 좀 어려운 말로 잡척(雜尺)으로 부르지요. 이 잡척들은 일반 군현에 사는 사람들과 마찬가지로 조세와 공물, 역 같은 국가에 대한 의무를 다하는데, 여기에 그치지 않고 국유지를 경작하거나 자기가 사는 지방에서 나는 특산물을 생산해 국가에 납부하는 역을 더 지므로 살기가 더 힘듭니다. 사회적으로는 천대받고요.

류근 지역별로 차별이 있었다는 거잖아요. 요즘으로 치면 지방자치단체별로 세금을 다르게 매기는 거예요.

이윤석 고려 시대에는 본관을 알면 그 사람의 신분까지 알 수 있었다는 거네요.

이익주 그래서 모든 공문서에는 본관을 적게 되어 있었습니다.

류근 그런데 우리가 향·소·부곡에 관해 큰 오해를 하고 있다고 하네요. 향·소·부곡을 천민들의 집단 거주지로 알았는데, 아니라면서요?

천인 계급은 부곡, 향, 소 등의 주민과 진척, 화척, 재인 및 공
사 노비 천인 계급은 부곡, 향, 소 등의 주민 었으
며, 부모 중 어느 한쪽이 노비이면 그 자손은 자동적으로 노비가

향 · 부곡 · 소 등 특수 지역 나뉘 특수 지역의 거주민들은 양민
었지만, 일반 군현민에 비하여 사회적 처지가 낮았다. 이들은 다른 지역으
로 이주하는 것이 금지되었고, 과거에 응시할 수 없었으며, 승려가 될 수도

교육 내용의 변경

신병주 한때는 국사 시간에 향·소·부곡을 천민들이 집단으로 거주하는 지역으로 가르쳤는데, 최근에 바뀌었어요. 양인과 천민을 나누는 가장 큰 구분점은 국역을 지는지 안 지는지입니다. 향·소·부곡에 사는 사람들도 국역을 지기 때문에 일단 신분상으로는 양인이죠. 다만 하는 일이 천역(賤役)이어서 일반적인 양인과는 좀 구분해야 합니다. 특히 소라는 지역은 수공업을 전문으로 해서 물품을 조달하는 곳이에요. 그러니까 금소에서는 금을 생산하고, 은소에서는 은을 생산하죠.

류근 고려청자도 소에서 만들었다고 하더라고요.

이익주 자기를 만드는 자기소에서 만들었겠죠. 그런데 명학소는 이름만으로는 무엇을 생산했는지 지금으로서는 알 수 없습니다. 다만 사료에는 명학소의 위치가 유성에서 동쪽으로 20리라고 나와 있습니다. 그래서 오늘날 유성의 동쪽에 있는 대전 탄방동 지역을 명학소로 추정한다면 아마 탄, 그러니까 숯을 생산했을 것으로 봅니다.

류근 그 시대에는 전력으로 농사만 지어도 먹고살기가 참 빠듯했을 거 같은데, 무언가 만들어서 관청에 납부까지 했으니 정말 얼마나 힘들었을까 싶어요.

청주 명암동에서 출토된 고려 먹 단산(지금의 단양)에서 생산된 먹으로, 단양이 먹의 주요 생산지였음을 보여 준다.

신병주 특히 무신 집권기에는 지방관으로 파견된 무신들이 엄청나게 착취를 합니다. 그리고 정도전 아시죠? 고려 말에 정도전이 나주에 있는 거평부곡이라는 곳에 유배됩니다. 이때 정도전이 큰 충격을 받았을 겁니다. 다른 지역의 일반 백성들과는 다르게 부곡민들의 생활이라는 게 정말 힘들었거든요. 그야말로 참상을 봤겠죠. 그래서 정도전이 결국 혁명을 꿈꾼 것도 부곡으로 유배를 간 일에서 비롯되지 않았을까 생각해 볼 수 있습니다.

이윤석 그 시대에는 사는 곳이 신분을 나타낸다고 했잖아요. 단순히 생각해 너무 살기 힘들면 이사 가는 게 방법이 아닐까 싶은데요.

이익주 고려 시대에는 원칙적으로 이사를 못 하게 되어 있습니다. 이사할 수 있는 경우는 인근 주현의 사람과 혼인했을 때, 또는 관리가 되거나 군인이 되어 수도로 갈 때 정도입니다. 그래서 향·소·부곡 사람들의 어려운 삶을 개선할 유일한 방법은 어떤 계기를 통해 속현으로 승격하는 것입니다. 속현에 사는 사람들은 자기들이 사는 곳이 주현으로 승격하기를 바라고요.

류근 사는 곳의 승격이 곧 주민들의 신분 상승으로 이어지는 거네요.

최원정 그야말로 운명 공동체네요.

공주 명학소민들은 왜 난을 일으켰나?

최태성 이렇게 공주 명학소에서 난이 일어나니까 고려 조정에서는 달래 주려고 정말 파격적인 행정 지침을 내립니다. 바로 6월에 공주 명학소를 충순현으로 승격해 줘요.

류근 속현도 아니고 주현으로 승격되었다면서요? 반란을 일으킬 만하네요.

최태성 그렇습니다. 속현을 거치지 않고 바로 주현으로 올라갑니다. 그래서 반란이 소강상태로 접어들죠. 망이와 망소이가 난을 일으킨 목적이 무엇인지를 엿볼 수가 있고요.

신병주 새로 붙여 준 이름인 충순현에는 조정에 충성하고 순종하라는 의미가 담겨 있죠.

이윤석 관군이 진압하러 갔다가 패배하고 공주까지 점령당해서 불리해지니까 달래느라고 승격해 준 거네요. 훈련받은 정식 군대가 아닌 백성들이 어떻게 관군을 이겼는지 장하기도 하고 궁금하기도 합니다.

최원정 자, 그러면 박금수 박사님, 망이·망소이의 난에서 백성들은 관군을 상대로 과연 어떻게 싸웠을까요? 승리의 비결이 뭔가요?

망이·망소이의 난: 제1차 봉기의 승리 비결

박금수 고려의 관군이 처한 상황을 정확히 살펴볼 필요가 있어요. 그 당시에 고려 조정은 서경 지역에서 일어난 조위총의 난을 아직 진압하지 못한 상태였으므로 공주 쪽으로 중앙의 정예병을 보내기에는 큰 무리가 있었습니다. 하지만 더 중요한 점은 망이·망소이의 난 자체는 공주 명학소에서 일어났지만, 반란이 진행되면서 주변의 향·소·부곡과 주현, 속현에 사는 사람들까지 참여했다는 것입니다. 즉, 이 난은 명학소만의 난이 아니었던 것이죠.

이윤석 그렇다면 백성들은 어떤 무기와 어떤 전술을 사용해 승리했던 걸까요?

박금수 민란의 주축 세력인 소의 거주민들이 지닌 특성을 살펴본다면 어느 정도 추측할 수 있습니다. 소의 거주민들은 집단으로 거주하면서 공동 노동을 통해 단위별 조직력이 매우 높았을 것으로 생각됩니다. 그리고 고려 최대의 철 생산지였던 충주의 다인철소처럼 소 중에는 무기와 매우 밀접한 철을 생산하는 소도 있었고요. 또한 중요한 점은 농업 국가라는 당시 고려의 특성상 다양한 농기구들을 주변에서 다량으로 확보할 수 있었다는 겁니다. 먼저 예를 들면 민란에서 많이 보셨을, 민란의 대명사인 죽창이 항상 등장하죠. 죽창은 구조가 매우 단순해서 만들기가 쉬워요. 대나무를 비스듬하게 자르기만 하면 상대를 찌를 수 있는 아주 예리한 날이 생기죠. 그리고 중요한 무기 중에 하나로 방어구인 방패가 있습니다. 지금도 농촌에 가면 광주리가 많이 보이잖아요. 그 광주리들을 방패로 쓸 수 있는데, 하나만 들면 불안하니까 세 개 정도를 겹쳐서 끈으로 묶고 손잡이를 만들어 사용했을 겁니다. 또 다른 무기는 역시 지금도 흔하게 볼 수 있는 낫입니다. 낫은 짧아서 무기로 쓰기 어렵지만, 자루를 길게 만든다면 전투에 쓸 수 있습니다. 당기는 힘으로 적을 공격할 수 있죠. 낫을 든 사람이 방패와 창 뒤에 서서 적들을 찍어 치거나 적의 다리를 베어 오는 공격도 할 수 있었을 겁니다. 낫처럼 당기는 무기들은 밀어서 찌르는 무기와 함께 썼을 때 공격력이 극대화한다고 볼 수 있죠.

농민들의 무기 농민들은 죽창과 광주리, 낫을 무기로도 활용했다.

망이·망소이의 난, 그 결과

최원정 농민들이 농기구를 들고 나왔다는 것은 자기의 모든 것을 다 걸었다는 거예요. 그 의지만큼은 정말 대단했을 것 같아요. 그렇다면 망이·망소이의 난은 이대로 성공하나요?

최태성 망이와 망소이가 난을 일으키고 나서 명학소가 충순현으로 승격했잖아요. 그래서 봉기군이 조정에 투항하면서 화해하는 분위기가 조성됩니다. 그런데 이때 조정에서 진압군이 내려와 망이와 망소이의 가족들을 잡아가 버립니다.

이윤석 지금 한쪽 손으로는 악수하면서 다른 손으로는 때린 거네요.

최태성 그렇죠. 그러니 망이와 망소이가 얼마나 화가 났겠어요? 그래서 "차라리 칼날 아래 죽을지언정 끝까지 항복하지 않고 반드시 왕경에 이르고야 말겠다!"라고 말합니다.

이윤석 그래서 결과는 어떻게 되나요?

최태성 결과적으로는 실패합니다. 고려 조정이 화해하는 척하면서 시간을 벌어 진압군을 아주 확실하게 훈련한 거죠. 그리고 이 진압군들이 포위망을 좁히면서 들어감에 따라 제1차 봉기 때와는 다르게 제2차 봉기 때는 망이와 망소이가 이끄는 봉기군을 궤멸해 버립니다.

류근 결론적으로 순진한 하층민들이 조정의 기만전술에 당한 거네요.

이익주 망이·망소이의 난이 1년 6개월 동안 지속됩니다. 하지만 결국 실패로 끝나고 충순현으로 승격되었던 것도 취소되어 명학소로 다시 강등됩니다. 그래도 1년 6개월 동안 그 지역의 일반 백성들이 보여 준 호응이 그 뒤에 큰 영향을 미쳤을 것으로 보입니다. 망이·망소이의 난이 진압된 다음에도 전라도 지역과 경상도 지역에서는 계속해서 민란이 발생합니다.

최원정 정말 들불처럼 번지네요.

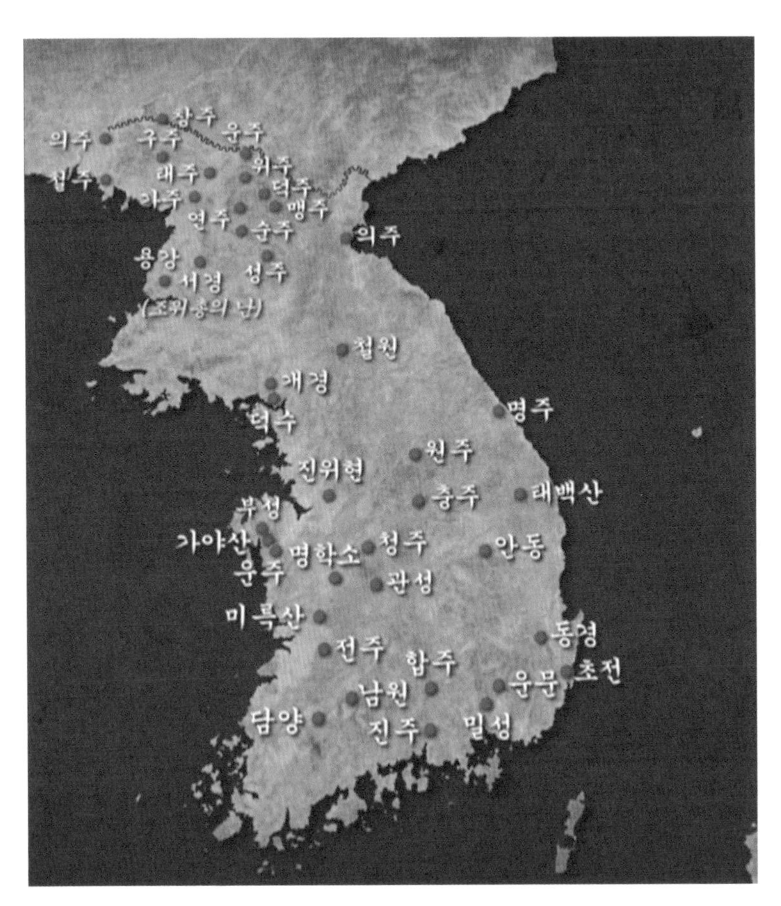

전국의 민란 발생지

신병주 이러한 흐름을 이어받아 단순한 저항에 그치지 않고 좀 더 수준을 높여 신분 해방운동으로까지 발전한 반란이 바로 1198년에 일어난 만적의 난이라고 정리할 수 있죠.

최원정 그러고 보니 망이·망소이의 난은 이렇게 진압되었는데, 노비들의 신분 해방을 외쳤던 만적의 난은 어떻게 되었을까요?

만적의 꿈은 스러지고

거사 당일 아침이 밝았다.

그러나 난을 일으키기에는 노비의 수가 얼마 되지 않았다.

반드시 호응할 것이라던

대궐 안의 환관과 관노들도 감감무소식!

만적은 계획에 차질이 빚어지자

나흘 뒤를 다시 기약하고 무리를 해산한다.

하지만 노비들의 반란 계획은 곧 최충헌의 귀에 들어가고

분노한 최충헌은 즉시 군사를 풀어 노비들을 잡아들인다.

만적을 비롯해 반란을 시도한 노비들을 모두 체포한 최충헌!

"천노는 사람이 아니다.

불에 태우는 다비도 하지 말 것이며,

땅에 묻어 거름으로 쓰지도 말거라.

강물에 수장해 물고기 밥으로 던져 주거라."

결국 100여 명의 노비가 산 채로 강물에 수장된다.

신분의 벽을 뛰어넘고자 했던

노비들의 꿈도 함께 수장되는 순간이었다.

만적의 난: 결말

최원정 허무하게 끝나 버렸어요. 어쩌다가 발각이 된 건가요?

신병주 거사하는 날을 다시 잡기로 하고 일단은 헤어졌는데, 내부에서 배신자가 생긴 거예요. 그때 순정이라는, 반란에 참여하고자 했던 노비가 자기 주인에게 내용을 발설합니다. 그러니까 순정의 주인이 그 당시 집권자인 최충헌에게 다시 고발했고, 결과적으로 반란이 실패하는 가장 큰 원인이 되죠. 결국 순정의 주인은 승진하고, 고발자인 순정은 은 80냥을 받은 동시에 양인으로 해방됩니다.

류근 오히려 동료를 배신하니까 그토록 바랐던 신분 해방이 주어지네요. 한마디로 참 무도하고 부조리한 시대입니다.

최원정 그런데 산 채로 강에 던져 수장하는 건 너무한 거 아니에요?

류근 칼을 쓰는 것조차 아깝다는 거죠. 노비는 결국 소나 말처럼 가축과 다를 바 없는 존재이니까 강물에 던져 버리라고 한 거예요. 아주 끔찍한 얘기입니다.

신병주 일부 야사에도 수장에 관한 기록이 있습니다. 조선 초에 조선 건국에 반대했던 고려의 왕실 세력에 속하는 사람들을 강화도로 가는 배에 실어 보냈는데, 가다가 바다 위에서 배에 구멍을 뚫어 수장했다고 하죠.[†]

이익주 그러고 보니 고려 시대에 수장에 관한 사례가 좀 많은 것 같습니다. 하지만 고려의 법제에 따르면 범죄자를 사형할 때는 참형과 교형, 이 두 가지 방법밖에는 없습니다. 그리고 일단 사형을 집행하면 되살릴 수 없지 않습니까? 따라서 일종의 삼심제도가 있는데, 재판관들이 사형을 결정하고 상급 관리가 다시 심의해서 마지막으로 왕에게 보고한 다음에 집행하게 되어 있습니다. 그런데 만적의 난에 관한 처리를 보면 참형이나 교형에 처하는 게 아니라 수장을 하죠. 노비의 반란이라는 사건에 비정상적으로 대응한 것으로 보입니다.

> † 왕씨가 망하자, 여러 왕씨를 섬으로 추방하였더니, 신하들이 의논하여 모두 말하기를, "제거하지 않으면 반드시 후환이 있을 것이니, 죽여 버리는 것만 못하다."라고 하였다. 그러나 명분 없이 죽이기는 어려우므로, 수영 잘하는 사람에게 배를 갖추게 하고, 여러 왕씨를 유인해 말하기를, "지금 교서(敎書)가 내려 여러분을 섬 속에 두어 서인을 만들라 하신다."라고 하니, 여러 왕씨가 대단히 기뻐서 다투어 배에 올라탔다. 배가 해안을 떠나자, 뱃사람이 배를 뚫고 바다 속으로 잠수하였다.
> —『연려실기술』

민란의 시대가 남긴 것

류근 신기한 건 그토록 목숨을 걸고 싸웠는데도 우리나라 역사상 단 한 번도 백성들이 이긴 적이 없다는 겁니다. 그만큼 목숨보다 더 지독한 것이 기득권과 권력의 힘이라는 거죠.

이익주 망이·망소이의 난이나 만적의 신분 해방운동이 모두 실패로 끝납니다만, 아무런 의미가 없었다고 할 수는 없습니다. 통계를 보면 고려 시대에 900개 정도 있었던 향·소·부곡이 조선 초인 태종 때 100개 정도로 줄어듭니다. 그리고 시간이 지나면서 점점 소멸해 나가는데, 그 계기가 망이와 망소이의 난에서 시작되었다고 해도 크게 틀리지 않습니다.

신병주 이익주 교수님이 항상 강조하시는 것처럼 고려의 역사는 조선의 역사로 이어지죠. 조선의 지방 제도는 고려의 무신 집권기 때 일어난 민란, 즉 민초들의 저항을 바탕으로 정착되었다고 볼 수 있습니다.

이윤석 실패하면 주동자는 죽임을 당하지만, 성공하면 많은 사람이 이익을 보잖아요. 무임승차가 아닌가 하는 생각이 드는데, 그래서 자기를 희생한 많은 선각자에게 우리가 빚을 졌다는 마음을 항상 품어야 하는 게 아닌가 하는 생각도 듭니다.

최태성 저는 망이나 망소이, 특히 만적을 보면 '영웅의 조건은 무엇일까?'라는 생각이 들어요. 제가 그 당시에 노비로 태어났으면 그냥 그대로 노비가 되는 거예요. 지금 우리가 "장상의 씨가 따로 있으랴?"라는 말을 아주 쉽게 하지만, 사실은 상당히 어려운 발상이거든요. 왜냐하면 신분제라는 그 시대의 틀 속에 사는 사람이 그 틀을 깨려고 한다는 것 자체가 어마어마한 겁니다. 우리 역사에는 영웅이 많이 있지 않습니까? 그 영웅 목록에 만적이라는 인물도 올라갈 수 있지 않겠냐는 생각을 한 번 해 봅니다.

신병주 우리 역사 속에서 고려 후기, 이른바 무신 집권기에 민란의 시대로 지칭할 만큼 왜 이렇게 민란이 많이 발생했는지 살펴보면 결과적으로는 정치의 부재를 발견하게 됩니다. 정치가 당시의 현안을 제대로 해결하지 못한 거죠. 이때 집권자들을 보면 정중부, 이의민, 최충헌 등으로 계속 바뀌지만, 일반 농민이나 천민들이 봤을 때는 다 똑같습니다. 그 사람이 그 사람인 셈이죠. 가난한 백성들에게는 정치적으로 대안을 전혀 제시하지 못했다는 점에서 결국 이 민란의 시대를 불러온 가장 큰 원인은 무신 정변을 일으킨 무신 권력자들의 제대로 되지 못한 정치 때문이었다는 것도 기억해야 할 것 같아요.

이익주 망이와 망소이 그리고 만적에 관해 이야기하면서 우리 헌법에 있는 이런 조항이 생각납니다. "제11조, 모든 국민은 법 앞에서 평등하다. 누구든지 성별·종교 또는 사회적 신분에 의하여 정치적·경제적·사회직·문화직 생활의 모든 영역에 있어서 자별을 받지 아니한다." 지금 우리는 이런 내용을 상식으로 알지만, 처음부터 상식이었던 것은 아닙니다. 만적이나 망이와 망소이가 꿈꿨던 것이 바로 이런 세상이죠. 그 이후 수많은 만적과 망이·

망소이들이 이런 세상을 만들기 위해 노력한 결과 이런 헌법을 우리가 가지게 된 거죠. 이 헌법의 가치가 얼마나 대단한 것인지 오늘 한번 생각할 기회가 되었으면 좋겠습니다.

류근 앞으로는 고무래 정 자가 예사롭지 않게 보일 것 같아요.

2

특명:
최충헌을
암살하라

무신 정변 후 혼란했던 고려의 정치는 1196년에 최충헌의 집권과 함께 안정을 찾아갔다. 무신들 사이에서 벌어진 권력 쟁탈전은 최충헌이 이의민을 제거하고 아우 최충수마저 죽인 다음에 권력을 공고히 함으로써 막을 내렸다. 무신 정변 이후 전국에서 일어난 민란도 최충헌이 집권한 이후에 진정되었다. 최충헌은 국왕에게 '봉사십조'를 올려 불법으로 탈점한 토지를 본래 주인에게 돌려주게 하는 등 민심을 얻기 위해 노력했다. 하지만 그보다는 안정된 권력을 바탕으로 민란에 강력히 대응한 것이 주효하여 민란이 잦아들었을 것이다. 민란이 일어날 수 있는 두 가지 조건 가운데 하나, 즉 통제력의 약화라는 문제를 해결했던 것이다.

최충헌이 마지막으로 부딪힌 상대는 왕실이었다. 이의민을 제거한 직후 명종을 폐위하고 신종을 옹립했지만, 국왕은 역시 버거운 상대였다. 정변 세력에 의해 옹립된 명종은 무려 24년 동안이나 왕위에 있으면서 정중부와 경대승, 이의민 등의 권력을 보장하는 역할을 했다. 이의민은 의종을 시해했다는 이유로 늘 불안에 떨어야 했다. 무신 정변 이후 왕권은 약화되었지만, 국왕과 왕실의 권위는 아직 부정되지 않고 있었던 것이다.

최충헌이 옹립한 신종은 명종의 친동생이었다. 최충헌이 권력을 잡고 국왕을 폐립하면서도 왕위 계승의 원칙까지 부정하지는 못했음을 알 수 있다. 그런데 신종의 아들 희종이 즉위한 지 7년 만에 측근의 내시들을 동원하여 최충헌을 암살하려고 했다. 최고 권력자에 대한 국왕의 반격이었다. 하지만 거사는 실패로 끝났고, 희종은 최충헌에 의해 폐위당하고 말았다. 그 뒤를 이어 명종의 아들인 강종이 즉위했는데, 역시 최충헌의 결정이었다. 희종의 실패가 오히려 최충헌의 권력을 더욱 강화하는 결과를 초래했던 것이다.

이렇게 해서 최충헌은 자기 손으로 두 명의 국왕을 폐위하고 두 명의 국왕을 세웠다. 그렇다면 왜 최충헌은 자신이 직접 왕이 되지 않았을까? 오히려 이 점이 더 궁금해진다. 최충헌이 왕이 되려 했다는 기록은커녕, 이 문제와 관련한 언급조차 찾아보기 어렵다. 따라서 현재로서는 추정할 수밖에 없는데, 왕이 될 생각을 하지 않았다기보다는 못했다고 하는 것이 사실에 가까울 것이다. 이때는 고려가 건국된 지 거의 300년이 지난 시점으로, 그동안 고려 왕실의 정통성이 사람들에게 깊이 각인되었고, 정통성에서 나오는 왕실의 권위에 도전하기가 쉽지 않았을 것이다. 그리고 그 정통성을 인정하고 권위에 복종하는 것이 바로 민심이었다고 할 수 있으니, 최충헌이 아무리 무소불위의 권력을 가졌더라도 민심을 통째로 거역할 수는 없었던 것이다.

최충헌의 집권 말기인 1216년에 거란이 고려를 침략해 온 일이 있었다. 널리 알려지지는 않았지만, 만주 지역에서 몽골군에 쫓기던 거란족이 고려로 밀려들어 온 것으로, 3년 동안이나 큰 골칫거리가 된 적이 있었다. 그런데 이 사건으로 최충헌 정권의 취약성이 드러나고 말았다. 우선 민란이 재연되었다. 최충헌 정권의 힘에 억눌렸던 민의 불만이 전쟁 상황에서 통제력이 느슨해지자 곧바로 폭발했던 것이다. 또 한 가지는, 외침에 맞서 싸우는 것이 국가를 지키기 위한 것인지, 최충헌 정권을 지키기 위한 것인지 묻는 의문이 나타나기 시작했다는 점이다.

당시에 최충헌은 수만 명의 사병을 거느리고 있었지만, 이들을 거란과의 전투에 출전시키지 않았다. 정권의 보위가 더욱 중요했기 때문이다. 그 행위의 잘잘못을 떠나, 그렇게밖에 할 수 없었던 최충헌 정권의 한계가 더 본질적인 문제였다. 이렇게 국가의 안위와 정권의 안위가 양자택일의 문제로 충돌하는 상황은 최충헌 정권의 본질을 보여 주는 동시에 그 취약성을 드러내는 것이기도 했다.

최충헌을 암살하라!

1211년, 왕을 알현하고자 입궁한 최충헌.

환관은 술과 음식을 준비했다며
사병들을 곁채로 안내한다.

이때 갑자기 나타난 10여 명의 무사!
격투가 벌어지자 최충헌은 황급히
희종에게 도와 달라고 요청한다.

하지만 왕은 최충헌을 외면하고
최충헌은 다급히 장지문 사이로 몸을 숨긴다.

절체절명의 위기에 빠진 최충헌!
그의 운명은 어떻게 될 것인가?

발생 시기	상세 사항
신종 원년(1198) 5월	사노 만적의 난
신종 2년(1199) 8월	황주 목사 김준거 등의 반란 모의
신종 7년(1204) 7월	장군 이광실 등 30여 명의 암살 모의
희종 5년(1209) 4월	청교역리 등의 암살 모의

최충헌 암살 시도 사건

끊임없이 이어진 최충헌 암살 시도

최원정 고려 무신 정권의 집권자이자 가장 강력한 권력을 휘둘렀던 최충헌이 암살당할 위기에 처했습니다.

이해영 그동안 계속 왕보다 위에 군림하는 절대 권력으로서 최충헌만 이야기하다가 위기에 빠진 모습을 보니까 정말 새롭네요.

류근 최충헌은 친동생마저 자기에게 반기를 든다는 이유로 제거해 버린 냉혈한 아닙니까? 그런 공포 분위기에서 당대의 그 누가 감히 최충헌을 암살하려고 했을까요?

이익주 실은 최충헌을 암살하려는 시도가 저것 한 번만이 아닙니다. 최충헌이 동생 최충수까지 죽이고 최고 권력자가 되었지만, 저 사건 전까지도 최충헌을 암살하려는 시도가 기록에는 여러 번 있습니다. 그중에서 대표적인 사건만 정리하면 네 번 정도고요.

이해영 사노에서 목사, 장군, 청교역리 등 각양각색의 계층에 속한 사람이 모두 한 번씩은 들고 일어났다고 할 수 있을 정도네요. 최충헌에 대한 반감은 정말 모든 계층 사람이 공유하는 감정이었다고 볼 수 있을 것 같습니다.

이익주 만적이 봉기할 때 첫 번째 목표가 최충헌이었죠. 황주 목사 김준거는 개경으로 잠입해서 최충헌을 암살하려고 했고요. 장군 이광실은 최충헌의 친구인데, 최충헌을 죽이고 자기가 권력을 장악하려고 했습니다. 청교역은 개경과 장단 사이에 있는 역인데,

그곳의 역리들이 승려들을 불러 모아 최충헌을 죽이려고 했습니다. 이런 수많은 시도는 모두 실패로 끝납니다. 오히려 암살 시도가 실패하면서 최충헌을 위협하고 반대하는 사람들이 차례차례 제거당해 최충헌의 권력이 공고해지는 결과를 낳습니다.

신병주 최충헌은 자기를 암살하려는 사건의 주동자뿐만 아니라 동조한 사람들, 그리고 조금이라도 연루된 사람들까지 유배하거나 처형합니다. 심지어는 그 친속들까지 노비로 삼는 아주 강력한 처벌을 단행해요. 또한 최충헌의 조카인 박진재와 같은 인물은 최충헌을 음해하는 소문을 내고 다녔다는 이유로 정말 잔인하게도 다리의 힘줄을 끊깁니다. 그러고는 백령진, 그러니까 지금의 백령도로 유배되니까 당연히 박진재는 힘 하나 못 쓰다가 병사하죠.† 최충헌의 잔혹성을 보여 주는 대표적인 예입니다.

최원정 다리의 힘줄이 끊겼다는 건 아킬레스건이 끊겼다는 거죠? 절대 권력자가 되려면 추진력과 결단력뿐만 아니라 냉혹함까지 갖춰야 하나 봐요.

이해영 최충헌은 피도 차가울 것 같아요.

신병주 무슨 조폭 영화에 나오는 두목 같은 느낌이 나죠.

† 박진재가 대장군이 되자, 문객의 수가 최충헌과 맞먹었으며 모두 용감하고 날쌨다. 박진재는 문객 중 관직에 임명된 사람이 적은 것을 한탄하면서 항상 원망하고 불평하였으며, 술을 마시면 최충헌의 나쁜 점을 말하였다. 그리고 만약에 최충헌이 없다면 국권을 자신이 혼자 좌우할 수 있을 것으로 생각하였다. (이에) 최충헌을 없애고자 하여 헛소문을 퍼뜨리기를, "외삼촌이 임금을 없앨 마음을 갖고 있다."라고 하였다. 또한 매번 문객들에게 "어찌 하루의 영화가 없을 수 있겠는가?"라고 하였다. 최충헌은 박진재가 반드시 자신을 해칠 줄을 알고, 그를 불렀다. 박진재가 섬돌 아래에서 알현하니, 최충헌이 그를 앞으로 오게 하고서 (……) 좌우에 명령하여 포박한 후, 다리 힘줄을 끊어 버리고 백령진(白翎鎭)으로 유배 보내니 수개월 뒤에 병들어 죽었다.
—『고려사』「최충헌 열전」

교정도감과 도방

최태성 교정도감이라는 말 혹시 들어 보셨어요? 교과서에서 무신 정권을 다룰 때 자주 나옵니다. 이 교정도감이 처음 만들어진 계기가 바로 청교역리들이 최충헌의 암살을 모의한 사건입니다. 암살 모의에 관한 보고가 들어오자마자 영은관에 교정도감을 설치하고, 성을 폐쇄한 다음에 대대적으로 수색해 관련자들을 처벌하죠. 그리고 이후에도 최충헌에 반하는 사람들을 잡아들이는 기능을 교정도감이 지속적으로 하고요. 원래 도감이라는 단어는 임시로 두는 관청을 뜻해요. 그런데 임시 기구인 교정도감이 상설화하면서 최충헌이 이끄는 무신 정권의 핵심적인 정치기구로 자리 잡죠.

최원정 명칭대로라면 임시 수사기관이어야 하는데, 상설 권력 기구가 된 거네요.

이해영 왕도 아닌, 신하인 최충헌을 노리는 자들을 제거하기 위해 기관이 만들어졌다는 게 정말 당찮은 일이 아닙니까?

류근 생각해 보니까 현대에도 그런 비슷한 기관들이 있잖아요. 옛 소련에서 국민들을 전방위로 감시하고 통제하던 비밀경찰 'KGB'[1] 같은 거 말이에요. 그러니까 최충헌은 반대파들을 숙청할 수 있는 공식적인 권력을 교정도감을 통해 갖게 된 셈이네요.

이익주 네, 그런 셈입니다. 교정도감은 처음에는 정보기관으로 시작되는데, 교정도감의 장인 교정별감을 최충헌이 오래 겸하면서 최충헌의 의지를 정책에 반영하는 통로가 됩니다. 모든 명령이 교정도감을 통해 나오죠. 그러면서 교정별감이라는 관직이 세습되는데, 우리가 흔히 최씨 정권의 권력이 4대 62년간 유지되었다고 하지 않습니까? 그 이야기는 구체적으로는 교정별감이라는 관직이 4대에 걸쳐 세습되는 상황을 가리킵니다.

안드로포프 15년간 KGB를 이끈 유리 안드로포프는 KGB를 발판으로 소련 공산당 서기장에까지 올랐다.

이해영 자기를 치려는 사방의 적들에게 계속 목숨의 위협을 받다 보니까 자기를 지켜야겠다는 본능이 발동한다는 사실은 충분히 이해할 만합니다. 그런데 이미 최충헌이 가진 사병의 규모가 꽤 컸다면서요?

신병주 최충헌이 모았던 사병 집단을 도방이라고 했죠. 도방을 창설한 사람이 누군지 기억나시죠? 무신 집권기에 신변의 불안을 느낀 집권자 경대승이 도방을 처음으로 만들었는데, 경대승이 죽자 도방은 해체됩니다. 하지만 최충헌이 자기 신변을 보호받을 필요를 느끼면서 경대승이 만들어 놓은 체제를 그대로 수용해서 도방이 다시 제대로 골격을 갖추죠. 그래서 이때는 신분 고하를 막론하고 힘이 센 자를 다 불러 모아 최충헌을 경호하게 합니다. 여섯 개의 번으로 나누어 교대하게 해서 숙직을 하며 날마다

오바마와 경호원들 비행기에서 내린 버락 오바마 미국 대통령을 경호원들이 에워싸고 있다.

최충헌을 지키게 한 거죠. 특히 최충헌이 외부로 나갈 때는 여섯 개의 번에 소속된 도방의 모든 사병이 호위했습니다. 일부 기록을 보면 전쟁에 나가는 것처럼 보였다고 해요.

류근 거의 뭐 국군의날에 시가행진하는 분위기였겠네요.

최원정 요즈음 대통령경호처가 하는 것보다도 더 거창하게 엄호했군요. 이런 최충헌을, 그것도 무려 궁궐 안에서 제거하려고 했던 그날의 사건은 도대체 누가 꾸민 건지 더 궁금해지지 않나요?

최충헌 암살 시도의 주모자는?

이해영 이렇게 엄청난 규모로 소식된 사병들을 따돌리고 최충헌을 궁궐 깊숙한 곳까지 유인할 수 있는 사람, 도와 달라고 손을 내밀었는데 차갑게 외면한 사람, 즉 희종이 아니었을까요?

류근 글쎄요. 단정하기가 좀 어렵지 않나요? 그 상황에서는 희종도 암살자들이 좀 무섭지 않았을까요? 희종으로서는 최충헌을 제거한다고 하더라도 별로 달라질 게 없을 수도 있거든요. 이전에 그랬던 것처럼 또 다른 무신이 정권을 잡는 상황이 된다고 생각해 보세요. 표 나게 누군가의 편을 든다고 하면 더 곤란한 처지에 놓일 수가 있어요. 그러니까 그냥 모른 척하는 게 자신을 안위를 보장받기 위한 최소한의 선택이지 않았을까요?

최태성 기록에는 이렇게 나옵니다. "갑자기 승려와 속인 10여 명이 덮쳐 최충헌의 사병들을 공격했다. 최충헌이 변고를 알아차리고 황급히 왕에게 구원해 달라고 요청했으나, 왕은 대꾸도 없이 문을 닫은 채 들어주지 않았다."

류근 그래도 희종을 주모자로 단정하기는 좀 어렵죠.

최원정 그렇다면 희종과 최충헌이 어떤 관계였는지 살펴본다면 그 답이 나오지 않을까 싶은데요.

최충헌과 희종의 관계

이익주 희종은 스무 살에 태자가 되고 스물네 살에 왕이 되었는데, 여러 가지 면에서 아버지 신종과 차이가 있었습니다. 일단 좀 혈기왕성한 나이인 20대에 왕이 되었고, 태자 시절을 4년 동안 거쳤다는 점에서 준비된 왕이었다고 할 수 있습니다. 또 한 가지 결정적인 차이는 무신 정변 이후에 왕이 된 명종과 신종이 모두 무신 집권자들에게 옹립된 왕인 데 반해, 희종은 정변 이후 처음으로 아버지에게서 왕위를 계승받은 왕이죠. 이런 점에서 희종은 나름대로 자기 왕권의 정당성에 관해 자신감을 가질 수 있었고, 이를 통해 자기에게는 최충헌과도 대립할 수 있는 힘이 있다고 생각했을 겁니다.

류근 어쩌면 왕실로서는 처음으로 무신 정권에 대항해 내세울 만한 적합한 인물이 나타난 셈이네요.

최원정 그러니까요. 왕권을 다시 세울 재목이 나타난 거예요.

신병주 희종의 즉위에 최충헌이 상당한 영향을 미쳤음이 『고려사』의 기록에도 나타납니다. 최충헌이 옹립한 신종은 왕으로 즉위하기는 했는데, 등창이 심해져 병이 깊어지니까 왕 노릇을 제대로 할 수가 없었어요. 그래서 1204년에 신종이 태자인 희종에게 양위하겠다는 뜻을 문병하러 온 최충헌에게 밝힙니다. 상사에게 결재를 받는 듯한 느낌이 있죠.

이해영 이럴 때는 희종이 어떤 마음을 품고 있느냐에 따라서 달라질 수 있을 것 같아요. 어떻게 보면 자존심이 상할 수도 있잖아요. 그러니 '최충헌에게 이대로 굴복해서는 안 된다. 왕권을 제대로 세워야겠다.'라는 마음을 품을 수도 있지 않았을까요?

최태성 그런데 희종이 즉위한 직후의 상황을 보면 최충헌과 사이가 나쁘지 않았던 것으로 보여요. 희종 즉위년에 최충헌에게 주었던 관직들을 보여 드릴게요. 무지하게 길어요. 벽상삼한삼중대광, 개부의동삼사, 수태사, 문하시랑, 동중서문하평장사, 상장군, 상주국, 판병부어사대사, 태자태사. 그다음 해가 되면 우모일덕안사제세공신, 문하시중, 진강군개국후가 또 추가됩니다.

류근 이쯤 되면 너무 길어서 최충헌 본인도 자기 관직이 뭔지 묻게 될 것 같아요.

최원정 이 정도면 희종이 최충헌에게 고마워한 거네요.

신병주 희종이 최충헌에게 공신 칭호를 내린 것보다도 항상 최충헌을 일컬어 '은문상국(恩門相國)'으로 칭했다는 것을 보면 고마움이 더 와 닿죠.

최원정 은문상국이 무슨 뜻이에요?

신병주 '은혜로우신 우리 재상님' 정도의 뜻이죠. 그러니까 이 칭호 자체가 최충헌이 왕보다 우위에 있다는 것을 나타냅니다.

이해영 그런데 너무 극찬하고 과하게 띄워 주는 걸 보니까 액면 그대로 안 읽힙니다. 다른 의도가 있는 게 아닌가 싶은데요? 희종이 힘을 키울 시간을 벌기 위해 일단은 최충헌에게 잘 보여 놓고 그다음에 음모를 꾸미려 한 것 같습니다.

류근 그런데 형식이 내용을 지배한다는 말도 있잖아요. 아무리 눈속임용이라고는 해도 그렇게 대우해 버리면 최충헌의 권력이 실제로 더 세질 것 같아요.

최원정 희종이 내심 최충헌을 좋아했든 싫어했든, 그리고 주모자가 누구이든 분명히 이 암살 사건이 희종에게는 어떤 식으로든 영향을 줄 것으로 보이는데, 과연 최충헌 암살 시도는 성공했을까요?

최충헌의 탈출, 그 후

급보를 받은 최충헌의 사병들은
궁성 밖에 집결한다.

"공의 생사가 분명해질 때까지는
섣불리 대전으로 진격하기보다
황궁 안팎을 삼엄하게 경계함이 좋을 것이다."

최충헌의 신변이 위험해질 것을 우려해
섣불리 들어가지 못하는 상황!

"문하시중께오서 무탈하시다 합니다!"

희종은 왜 최충헌을 암살하려 했나?

최원정 최충헌이 살아남았습니다. 주모자는 역시 희종이었네요.

이해영 희종이 가능성이 너무 낮아 보이는 큰 도박을 한 게 아닌가 싶어요. 최충헌의 사병이 얼마 나 많습니까? 그런데 자객은 10여 명이었다면서요. 상대가 안 되잖아요. 너무 젊은 혈기에 생각 없이 덤빈 것이 아닌가 합니다.

류근 희종이 자기 직속 부하들이 아니라 속인과 승려들을 내세워 암살을 시도하잖아요. 나중에 들키는 한이 있더라도 자기가 배후라는 것을 가리고 싶은 의지가 반영된 전략이 아닌가 합니다.

이익주 이 무렵이 되면 최충헌의 권력이 왕권을 지나치게 위압하는 상황이었던 걸로 보입니다. 『고려사』를 보면 "최충헌의 권력이 왕을 압도하고 위세가 온 나라에 떨쳤으며 자기 뜻을 거스르는 사람이 있으면 보는 대로 처형했으므로 아무도 입을 다물고 말을 하지 않았다."라는 말이 있을 정도입니다. 이런 상황에 희종이 반감을 느꼈겠죠. 그 반감이 이런 시점에서 희종의 최충헌 암살 모의로 나타난 게 아닌가 하는 생각이 듭니다.

신병주 그 당시의 기록을 보면 희종이 거처하는 궁궐은 왕의 사저처럼 되어 버렸고, 최충헌의 집이 실제로 궁궐 역할을 했다고 나옵니다. 최충헌의 집에서 인사가 전부 이루어졌고, 조정의 관리들이 회의를 했다는 거죠. 왕은 고개만 끄덕입니다. 그리고 최충헌이 궁궐이 들어갈 때는 평상시에 입는 간편한 복장으로 일산을 쓰고 출입했다고 합니다. 왕에 대한 예의를 전혀 갖추지 않았다는 얘기죠.

이해영 요즘으로 치면 넥타이도 안 매고 간 거네요.

신병주 그렇죠. 그래서 희종도 도대체 누가 진짜 왕인지 정체성에 혼란이 왔을 겁니다.

류근 그런데 그 정도면 누가 봐도 최충헌이 과하다고 봤을 텐데, 백성들의 원망은 없었을까요?

최태성 당시에 괴상한 소문이 떠돌았어요. 최충헌이 자기 집 북쪽에 별당을 지어 이름을 십자각으로 지었는데, 그 별당을 짓는 과정에서 해로운 기운을 물리치기 위해 여자아이와 남자아이들을 몰래 잡아 오색 옷을 입힌 다음에 십자각의 모퉁이에 묻었다는 겁니다. 최고 권력자가 그렇게 한다는데, 부모들이 얼마나 무서웠겠어요. 그래서 아이들을 숨기거나 심지어는 도망갔는데, 이런 혼란한 틈을 타 불한당과 무뢰배들이 아이들을 잡아가는 척하며 부모들에게 돈을 요구하는 혼란스러운 일이 벌어집니다.

최원정 실제로 아이를 묻었어요? 아니면 그냥 괴소문이었나요?

최태성 최충헌은 극구 부인하며 아이를 납치하는 사람들을 잡아들이라는 명을 내립니다. 하지만 이런 사건을 통해 당시 민심이 최충헌을 어떻게 바라보았는지 알 수 있죠.

이익주 무소불위, 즉 못 할 게 없는 절대 권력은 반드시 부패합니다. 최충헌은 뇌물을 받고 관직을 주는데, 심지어는 다음과 같은 일도 있었다고 합니다. 고려 시대에는 12월에 관리들에 대한 인사를 하는데, 뇌물이 너무 적게 들어오자 관리 인사를 늦춥니다. 사람들이 더 많은 뇌물을 가지고 올 때까지 기다린 거죠. 이러니 재산이 매우 많아져 가끔 관리들을 불러 잔치도 열고, 나라의 살림에 보태 쓰라고 최충헌 개인의 재산을 내놓는 일도 있었습니다.

류근 얼핏 보면 선행 같지만, 모두 자기의 권력을 유지하기 위한 일종의 정치적 제스처에 지나지 않잖아요. 거두어 놓은 재화를 조금 풀기만 하면 되니까 얼마나 쉬워요? 생색내기 딱 좋네요.

이익주 그래서 최충헌이 자기 재산을 국용(國用)으로 내놓겠다고 하니까, 최충헌의 문객 가운데 바른말을 하는 사람이 "재산을 국가에 바치고 나서 백성들에게 또 거두어들이느니 그대로 두는 게 좋겠다."라고 말합니다.† 백성들에게 빼앗을 거면 차라리 재산을 국용으로 내놓지 말라고 충고한 거죠.

이해영 이렇게 부패한 권력자가 자기 이미지를 끊임없이 신경 쓴다는 게 오히려 더 분노를 일으키네요.

류근 정치적으로 무언가를 보여 줄 줄 아는 사람이에요. 남다른 감각이 있는 것 같아요.

최원정 이처럼 권력과 부를 다 거머쥔 최충헌을 상대로 희종이 무모할 정도의 일을 벌인 건데, 사실 희종이 이렇게 일을 서두를 수밖에 없었던 사건이 바로 그 전해에 있었습니다.

† 최충헌이 세 번째 집을 지으면서 금과 옥, 전곡을 잔뜩 쌓아 두고는 측근들에게 묻기를, "부고(府庫)에 저장해 둔 것을 제외한 나머지 금은과 보배는 왕부(王府)에 헌납하여 나라의 재정을 돕고자 하는데, 어떠한가?"라고 하니, 모두 좋다고 하였는데, 노인우만은 "그대로 두고 경비로 사용하고 민들에게 다시 거두지 않는 것이 더 좋습니다."라고 말하니, 최충헌이 부끄러워서 얼굴이 벌게졌다.
—『고려사』「최충헌 열전」

고려 뉴스: 폐태자 왕숙, 개경으로 돌아오다

이광용 오늘은 쫓겨났던 고려의 왕족이 개경으로 돌아온 사건에 관해 이야기해 보려 합니다. 그의 이름은 왕숙, 바로 최충헌이 폐위한 명종의 맏아들입니다. 왕숙은 1173년에 태자로 책봉되었지만, 1197년에 부왕과 함께 쫓겨나 강화도에 살고 있었습니다. 그런데 1210년, 그러니까 희종 6년 12월에 무슨 이유에서인지는 알 수 없지만, 무려 13년 만에 개경으로 돌아왔습니다. 이 대목에서 염두에 두어야 할 중요한 사실이 하나 있습니다. 명종의 맏아들인 왕숙은 왕위를 계승할 자격을 지닌 강력한 후보라는 것이죠. 고려의 왕인 희종의 자리를 위협할 수 있는 존재라는 겁니다. 대체 누가 왕숙을 개경으로 불러들였을까요? 왕숙은 어떻게 돌아올 수 있었을까요?

네 명의 왕을 정한 최충헌

최원정 최충헌 암살 시도 사건이 일어나기 1년 전에 이렇게 의미심장한 뉴스가 있었습니다.

이해영 최충헌이 쫓아낸 사람을…… 누가 부른 걸까요?

최태성 명종의 맏아들 왕숙은 1211년 정월이 되면 수사공, 상주국, 한남공으로 책봉됩니다. 왕족으로 복권되었다는 것을 의미하죠.

이해영 그러면 명종의 맏아들을 불러들인 건 최충헌밖에 없겠네요. 최충헌이 아니면 누가 감히 최충헌이 내쫓은 사람을 불러들일 수 있겠어요?

이익주 최충헌은 명종이 죽었을 때 맏아들인 왕숙이 유배지에서 개경으로 와 문상하는 것도 불허합니다. 그런데 이때 갑자기 유배를 풀어 주고 개경으로 불러들여 왕족의 지위를 회복해 주죠. 누가 보더라도 희종을 위협하기 위한 조치인데, 희종과 최충헌 사이에 눈에 보이지 않는 암투가 계속되었음을 짐작하게 하죠. 그래서 희종이 먼저 선수를 친 것으로 볼 수 있습니다.

류근 희종이 궁지에 몰리다 보니까 급하게 일을 벌였다는 건데, 결과적으로는 스스로 폐위 명분을 제공한 셈이 되었네요. 그러면 최충헌은 희종을 어떻게 응징하나요?

최태성 최충헌이 희종을 폐위한 후 강화도로 유배 보내요. 나중에는 자연도, 즉 인천국제공항이 있는 영종도로 옮기죠. 그리고 희종의 태자 왕지를 인주로 유배 보내고 나머지 아들들도 추방합니다.

이해영 모두 쫓겨났네요. 희종이 무신 정권하에서 무언가 하겠다고 나

영종도 해변 오늘날의 영종도는 간척 사업을 거치고 육지와 다리로 연결되면서 과거의 모습을 찾기 어렵게 되었다.

선 첫 번째 왕이었는데, 단번에 정리되어 버렸네요.

류근 "나를 건드리면 왕조차 폐위된다. 내가 누구냐? 왕보다 센 사람이다. 왕을 이기는 남자다."라고 보여 주는 거잖아요?

최원정 희종이 목숨을 건진 것을 그나마 다행으로 봐야 하는 건가요?

신병주 암살 시도 사건이 일어난 당일에 이미 희종을 죽이자는 의견이 나옵니다. 아무래도 또 다른 화의 근원이 될 수 있으니까요. 그런데 최충헌이 딱 잘라 거절합니다. 이의민의 일을 반면교사로 삼은 거죠. 이의민이 의종을 죽이는 바람에 평생 구설수에 시달리지 않았습니까? 그래서 "임금을 죽인 신하가 되고 싶지는 않다. 왕을 시해한다면 이 나라가 장차 어떻게 되겠는가? 뒷말이 입에 오르내릴까 두렵다."라고 했는데, 그래도 결국에는 사람들의 입에 많이 오르내리죠. 결과적으로 최충헌의 생각은 맞지 않았습니다.

류근 그래도 희종을 죽이자는 사람을 말리면서 나라를 걱정하는 모습까지 보여 주잖아요. 어쨌든 다른 무신 집권자들과는 수준이 다릅니다.

이해영 자기 이미지 메이킹을 정말 잘하네요.

최태성 『고려사』를 보면 이런 말도 해요. "내가 너그러운 사람이 아니었던들 왕의 부자가 지금 목숨을 보존할 수 있었겠느냐?"

류근 그렇게 많은 사람을 죽여 놓고 자기를 가리켜 너그럽다는 표현을 쓰는군요. "살려는 드릴게."라고 말하는 셈이에요.

최원정 결국 최충헌은 희종의 폐위로 더 큰 권력을 손에 쥐었겠네요.

최태성 그렇죠. 희종을 폐위한 이후 세운 왕이 강종인데, 그가 바로 앞서 「고려 뉴스」에서 본 왕숙입니다. 그런데 이때 강종의 나이가 60세에요. 혈기왕성한 20대인 희종과 비교했을 때 연로한 강종은 뭔가 덜 위협적이겠죠.

신병주 최충헌이 조종하기 쉬운 인물을 왕으로 선택한 거죠. 강종이 고려 시대 왕 중에서 즉위 당시의 나이로는 최고령입니다. 조선 시대와 비교해도 최고령이고요. 태조 이성계가 58세에 즉위했거든요. 58세도 적지 않은 나이인데 말이죠.

이해영 그런데 명종이 폐위되고 나서 강종이 얼마나 많은 고초를 아버지와 함께 겪었겠습니까? 심지어 아버지가 죽었는데도 못 가 보게 했다면서요? 그러면 마음속에 뭔가 정신적외상이나 분노가 여러 가지 있을 것 같은데, 강종이 나이가 많다고는 해도 최충헌으로서는 약간 위험부담이 있는 선택일 수 있지 않았을까요? 왜 하필 강종이었을까요?

류근 이미 나이가 예순이잖아요. 그 나이까지 정치적으로 핍박당하면서 숨죽이고 살다 보면 성격이 허약해질 대로 허약해지지 않았을까 싶어요. 현실적으로 정치적 야망이나 계획 같은 건 꿈꾸지 않았을 것이라는 생각이 들지 않습니까?

이익주 희종을 쫓아내고 다음 왕으로 누구를 세울지 고민했을 때 가장 우선권을 가지고 있었을 왕숙이 떠올랐을 겁니다. 이렇게 왕이

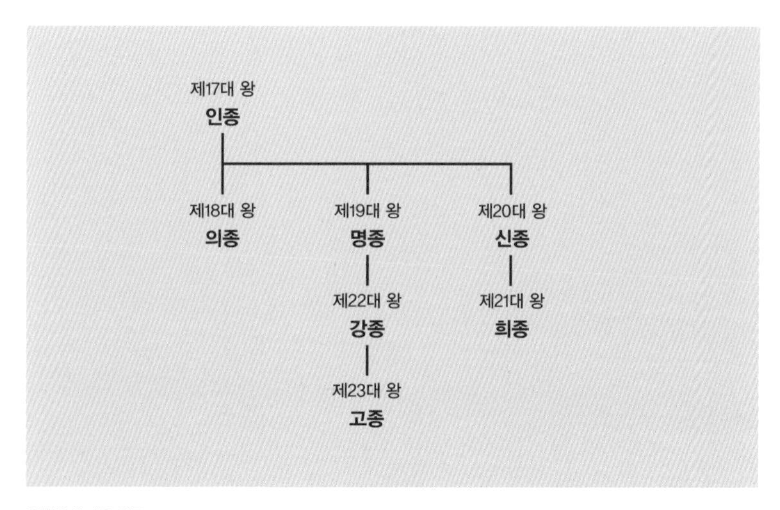

최충헌이 세운 왕들

될 자격이 있다는 것 자체만으로도 최충헌에게 명분이 되는데, 왕숙에게는 그 당시에 열아홉 살이 되는 아들이 있습니다. 그래서 왕숙을 왕으로 세우는 동시에 그 아들, 즉 훗날의 고종을 태자로 책봉해 왕위를 잇게 하는 것으로 강종과 최충헌이 타협할 수 있었을 겁니다. 고종이 고려 역사상 가장 오랫동안 재위한 왕이죠. 46년간 재위합니다.

신병주 참고로 조선의 왕 영조는 51년간 재위했습니다.

이해영 그러면 최충헌은 신종을 시작으로 희종, 강종, 고종까지 네 명의 왕을 실질적으로 정한 셈이 되네요?

최원정 그런데 고종이 즉위하고 나서 얼마 지나지 않아 고려의 국운을 좌우할 위기가 또 닥쳐옵니다.

고려 뉴스: 거란, 다시 쳐들어오다

이광용 고종 3년인 1216년, 거란군이 고려에 쳐들어왔습니다. 외세의 침략이 하루 이틀이 아닌 데다 지금 권력을 무신 정권이 잡고 있으니 '그쯤이야 뭐 쉽게 물리치겠지.'라고 마음을 푹 놓으신 분이 상당히 많이 계실 겁니다. 그런데 지금 개경에서는 거란군을 물리칠 방도를 전혀 세우지 않는 상황입니다. 그 이유가 하도 궁금해서 저희가 한참 거란군에 맞서 싸우는 장수 한 분을 급히 스튜디오에 모셨습니다. 장군, 정녕 중앙에서 아무런 지시가 없었습니까?

장군 나 요즈음 최충헌에게 보고를 안 해. 보고를 따로 안 한다고.

이광용 전시인데 중앙에 보고를 안 하면 중징계감이지 않습니까?

장군 사정이 있지. 며칠 전에 단오였잖아. 단옷날에 최충헌이 백정동 궁궐에서 그네 놀이를 하면서 문무관 4품 이상 관리들과 사흘 동안 아주 떠들썩하게 연회를 베풀었나 봐. 그러니 그 사람들 얼마나 좋았겠어.

이광용 그 얘기는 저도 들었습니다. 그런 상황일수록 정황을 파악하고 경계할 수 있도록 이 상황을 알렸어야 하는 일 아닙니까?

장군 그때는 당연히 급보를 날렸지. 그런데 좀 황당한 일이 벌어지더라고. 최충헌이 "아니, 어찌 이런 사소한 일로 역마를 귀찮게 하고 조정을 놀라게 하느냐?"라고 버럭 화를 내면서 보고한 사람들을 붙잡아 유배를 보낸 거야. 정말 무섭게. 그래서 지금은 그냥 거란이 쳐들어와 성을 두세 개 정도 점령하면 그때 보고를 할까 싶어.

이광용 전쟁 중에 솔직한 인터뷰 감사합니다. 아, 그런데 심각한 문제가 또 있습니다. 저희가 취재한 바로는 거란에 대항할 만한 고려의 그럴듯한 군대가 전혀 없는 상황입니다. 능력 있고 용맹한 이가 전부 지금 최충헌의 사병으로 들어가 있기 때문입니다.

류근 아, 그러면 최충헌은 지금 뭘 하고 있습니까?

이광용 최충헌은 개경의 자기 집에서 매일같이 전투 훈련을 하고는 있습니다. 문 앞에 있는 섬돌이 가팔라 말이 올라가지 못하니 사람이 말 모습을 하게 하고서 진격과 후퇴를 하며 싸우게 하는군요. 또한 금패를 찬 거란 장군 인형을 만들어 사로잡아 죽이게 한 다음 개가를 울리면서 귀환하는 모습을 꾸미기도 합니다. 또한 이때 기생들에게 봉래산 선녀가 축하하는 춤을 추게 했습니다.

신병주 저렇게 승리 축하용 연습을 하는 일은 잘 없지 않나요?

이해영 저런 걸 연습할 필요가 있나 싶은데요.

이광용 실제 전쟁에 참가해 용맹하게 싸워야 할 무사들이 이런 놀이나 하는 것, 그야말로 놀고 있는 것을 여러분은 어찌 생각하십니까?

거란의 고려 침략: 최충헌의 대응은?

최원정 저런 훈련이 실전에 무슨 소용이 있을까요? 좀 웃기죠?

류근 그래도 명색이 무신 정권인데 고작 저런 유희나 즐긴다는 게 말이 됩니까? 전투하는 게 주업인 사람들이면 나라를 지키는 건 기본으로 해 줘야죠.

이해영 다들 전투 훈련 시간을 기다릴 것 같아요. "이 즐거운 전투 훈련 또 언제 하나?" 이러면서 손꼽아 보고 "아, 오늘 비 와서 안 한대?"라고 아주 서운해할 것 같아요. 어쨌건 최충헌으로서는 일종의 과시 같은 게 아니었을까요? "병사 규모가 이만큼이다. 그리고 우리는 이 많은 병사와 함께 이렇게 여유롭게 놀듯이 훈련한다."

류근 그렇게 한가한 짓을 할 만큼 거란군이 만만했던 걸까요? 당시 정황이 어땠습니까?

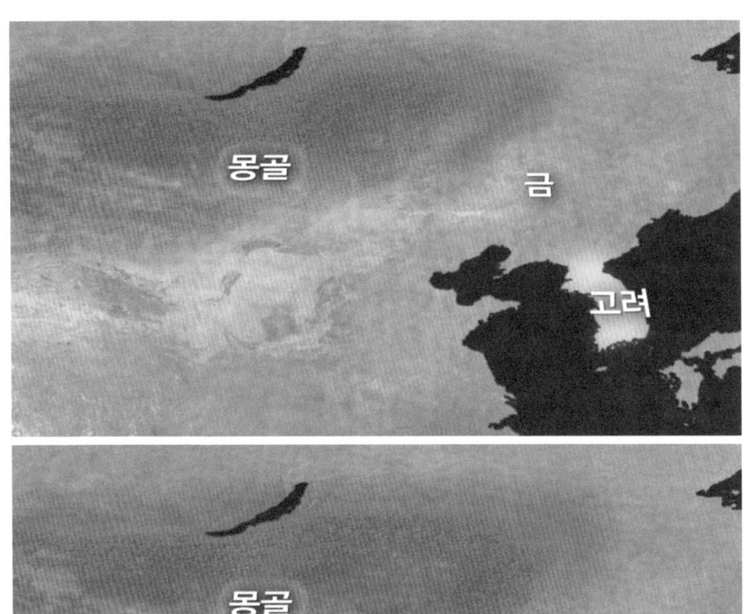

13세기 초 동아시아의 판도 변화 몽골이 팽창하자 금의 장수 포선만노가 독립해 동진을 세웠다.

이익주 1200년대, 그러니까 13세기 초가 되면 동북아시아의 국제 질서가 크게 요동칩니다. 다음 세대의 주인공이 되는 몽골이 등장하죠. 몽골이 강성해지니까 금나라 치하에 있었던 거란족 가운데 일부가 몽골군에 쫓겨 고려로 들어오죠. 규모가 굉장히 큽니다. 고려 측 기록에는 수만 명, 원 측의 기록에는 9만 명으로 되어 있는데, 이 엄청난 대부대가 고려로 들어온 겁니다.

류근 침략할 의도를 갖고 쳐들어온 거예요?

압록강 예로부터 압록강은 한반도의 자연국경이었다.

이익주 아닙니다. 쫓기면서 고려로 들어오다 보니까 군량이나 보급품을 갖고 있지 않아 모든 것을 고려에서 해결해야 했습니다. 그래서 거란족은 약탈을 할 수밖에 없었겠죠. 압록강을 건너온 지 한 달 만에 지금의 평안북도 일대를 유린하며 다니는데, 고려는 이 침략을 막는 데 이후 3년 동안 아주 큰 어려움을 겪습니다.

신병주 이런 위기 상황 속에서도 최충헌은 오히려 사병 집단들을 양성하는 데 훨씬 힘을 써요. 자기 안위를 지켜 줄 수 있는 사람들이니까요. 그래서 이 당시 기록을 보면 "거란군에 맞서기 위해 조정에서 장수들을 파견하는데, 용맹하고 날랜 자는 대부분 최충헌의 문객으로 들어가는 바람에 관군은 모두가 약골이었다."라고 나와 있습니다. 실질적으로 관군은 전투 능력을 거의 상실한 거죠.

이익주 그 당시 최충헌이 보유한 사병의 규모가 어느 정도였냐면, 사병이 열을 지었을 때 그 길이가 2리 또는 3리에 이르렀다고 합니다. 그러니까 지금으로 치면 1킬로미터 정도가 되는 열을 지은 거죠. 수만 명의 사병을 거느렸던 셈입니다. 이 사병들이 창끝에 은병을 몇 개씩 걸고 다니면서 사람을 모집합니다. 사병이 되면 이렇게 돈을 벌 수 있다고 과시하는 거죠. 그리고 사병 가운데 거란의 침략에 분개해 "내가 전쟁터에 나가겠다."라고 이야기하는 사람이 있으면 오히려 섬으로 유배를 보냈습니다. 사병이 이탈하지 못하도록 처벌을 통해 관리한 겁니다.

최원정 말이 돼요? 나라가 지금 위기에 처해 있는데 이게 뭐에요? 왜 그런 거죠?

신병주 국가의 안위보다는 최충헌의 안위가 더 중요했던 거죠.

류근 최충헌이 그동안 암살 위협에 자주 시달렸잖아요. 근데 그렇다고 해도 일국의 실권자가 거란이 고려를 무너뜨리는 것보다 혼란스러운 정국에 누군가의 공격을 받아 자기의 권력이 무너지는 걸 더 두려워한 거잖아요.

최태성 그러다 보니까 실제로 거란군의 침략으로 비롯된 혼란을 틈타 최충헌을 노리는 반란 사건이 또 일어납니다. 이번에는 승려들 차례입니다. 그때 가담한 사찰이 흥왕사, 홍원사, 경복사, 왕륜사, 안양사, 수리사 등입니다. 엄청나게 많죠. 종군한 승려들이 모여서 최충헌을 제거할 반란 모의 사건을 일으킨 거예요.

이해영 그렇군요. 근데 그전에 왕을 비롯해 다른 사람들은 다 이해가 되는데, 승려들은 왜 최충헌을 죽이려 했을까요?

이익주 기록에 따르면 최충헌이 공사를 자꾸 일으키면서 절의 재산을 빼앗아 공사에 투입한 것에 대한 반감으로 승려들이 최충헌을 죽이려고 했다고 나와 있습니다. 하지만 그것보다는 좀 더 뿌리 깊은 갈등이 있습니다. 고려의 불교계는 그 이전부터 정치권력과 아주 밀착해 있었고, 무신란 이후로 무신 정권이 지속되는 가운데서도 불교계와 문벌 귀족 사이의 연결 고리는 완전히 끊어지지 않고 계속 유지되었습니다. 최충헌은 집권한 다음에 이러한 불교계를 과감하게 정리하는 작업에 들어갑니다.[†] 사원을 정리하고 통제하려고 했던 것이죠. 그래서 이때 불교계는 최충헌 정권에 반대하면서 최충헌을 공격하기까지 하는데, 결국 최충헌의 사병들과 벌인 전투에서 패배하고 모두 죽임을 당합니다.

최원정 이후에 또 끔찍한 보복이 있었겠죠?

최태성 당연하죠. 최충헌이 누굽니까? 일단 잡아들인 승려 300명을 죽이고, 이튿날 성문을 폐쇄 한 다음에 대대적으로 수색에 들어가 가담했던 승려들도 싹 죽입니다. 그리고 승려 300명을 더 잡아서 남개천 가에서 참수해요. 총 800여 명의 승려가 이 사건으로 죽임을 당한 것이죠. 그때 시신이 너무 많아 시신에서 나온 피가 내를 이루었다고 합니다. 몇 달간 그 주위를 지나다닐 수 없었다고 할 정도로 아주 처참한 보복전이 전개되었던 겁니다.

신병주 최충헌은 거란족을 막고자 파견한 장수들을 경쟁자로 인식하기까지 합니다. 아까 「고려 뉴스」를 보면 최충헌이 개선식 연습을 했잖아요. 그런데 이 당시에 거란족의 침입을 물리치는 데 큰 공을 세운 조충[2]의 부대가 돌아왔는데도 정작 이때는 개선 행사를 취소해 버립니다. 경쟁자가 될 수도 있으니까 조충의 공을 낮춰 버리는 거죠. 그리고 조충과 더불어 상당한 공을 세운 인물들에 대해서도 일부는 뇌물을 바치지 않았다는 이유로 논공행상에서 제외합니다. 이에 불만을 표시한 인물 100여 명은 바로 참수해 버리고요.[‡]

류근 어쨌든 최충헌은 거의 불사신처럼 이번에도 살아남는 거 아닙니까? 그럼 전쟁은 이제 어떻게 되는 거예요? 어쨌든 물리쳤으니까 최충헌이 살아남은 거겠죠?

이익주 그렇습니다. 조충이 개경에서 군대를 이끌고 위쪽으로 쓸 듯이 올라가 평양 근처에 있는 강동성으로 거란군을 몰아넣는 데 성공했습니다. 이때 마침 거란을 쫓아 들어온 몽골군과 동진[3]군도 고려의 동북쪽에서 내려와 거란군을 강동성으로 몰아넣습니다. 그래서 고려와 몽골이 연합해 강동성에서 거란군을 진압하죠. 그런데 고려로서는 거란도 적이지만, 몽골은 더 큰 적이거든요. 여우를 몰아내려다 호랑이를 맞이하는 형국이 되면서 그 이후에 생길 더 어려운 문제의 출발점이 됩니다.

최원정 뭔가 일이 꼬이는 게 느껴지네요. 어쨌든 숱한 암살 시도와 반란, 거란의 침공에도 최충헌은 끝까지 자기의 권력을 지켜 냅니다. 최충헌의 시대는 과연 언제까지 계속될까요?

† "후대의 장수와 재상, 여러 신하, 무뢰배 승려들이 산천의 길흉을 따지지도 않고 사원을 세워 원당(願堂)으로 부르고, 지세를 손상해 재해와 변란이 자주 일어나고 있습니다. 바라건대 폐하께서는 음양관(陰陽官)에게 그것을 검토하게 하신 뒤에 비보사찰(裨補寺刹)을 제외하고는 남김없이 철거하여 후대 사람들이 관망하는 일이 없도록 하십시오."
—『고려사』「최충헌 열전」

‡ 군공을 논할 때 최충헌이 이를 담당했는데, 공이 있는 사람은 상이 없으니 사람들이 이를 많이 원망했다. 교위(校尉) 손영 등 열 명이 저자에서 각자 돈을 내어 술을 마셨는데, 한창 술을 마시면서 한탄해 말하기를, "요즈음 거란군과 싸워 공이 있어도 뇌물을 바치지 않으면 관직을 얻을 수 없구나."라고 했다. 자리에 같이 있던 사람이 최충헌에게 일러바치자 최충헌이 가병을 보내 그들을 체포하고 또한 그들의 동료 100여 명을 보정문(保定門) 밖에서 참수했다.
—『고려사』「최충헌 열전」

최충헌의 권력 세습

무신 정권의 집권자로 23년간
최고의 권력을 누린 최충헌.

말년의 최충헌은 첫째 아들 최우에게
의미심장한 말을 남긴다.

"두 번 다시는 내 집에 발걸음하지 말거라.
아비의 명을 어긴다면 살아남지 못할 것이다."

최충헌은 지난 무신 정권의 집권자들과 달리
천수를 누리고 일흔한 살에 세상을 떠났다.

최충헌 묘지명 탁본

최충헌의 죽음과 성공 비결

최원정 무신 정권의 집권자 중에서는 최충헌이 처음으로 천수를 누린 사람인가요?

최태성 그렇죠. 심지어 상당히 우아하게 숨을 거둡니다. 최충헌이 일흔한 살 되던 해에 별이 떨어지는 것을 보고 일관이 최충헌의 죽음을 예언하죠.† 그래서 악공 수십 명을 동원해 하루 종일 연주하게 합니다. 음악을 듣다가 연주가 끝날 쯤인 자정 무렵에 숨을 거두죠. 그러자 백관이 모두 흰 상복을 입고 장례식에 참여했는데, 왕의 장례와 같다고 할 정도로 아주 성대했다고 합니다.

이해영 최충헌 정도의 절대 권력자는 죽기 전에 별도 떨어뜨리는군요. 근데 죽기 전에 병상에 있던 최충헌이 아들 최우에게 한 말이 정확히 무슨 뜻이에요? 다시는 오지 말라는, 매몰찬 이야기를 했던 것 같은데 말이죠.

이익주 병상에 있던 최충헌이 자기가 위독해지더라도 문병하러 오지 말라고 한 거죠. 후계를 걱정한 겁니다. 맏아들 최우에게 자기의 권력이 세습되길 바랐는데, 최충헌의 측근들은 최충헌의 뜻과는

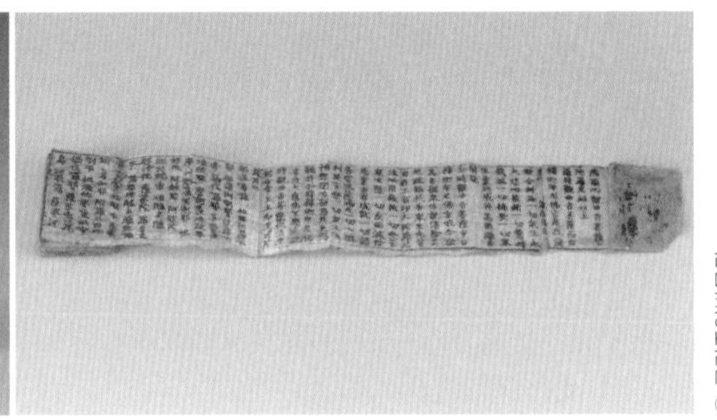

© 국립중앙박물관

소자본불정심관세음보살대다라니경 최충헌과 그의 두 아들 최우 및 최향을 위해 만든 휴대용 불경이다.

다르게 최우의 동생인 최향을 다음 후계자로 지지합니다. 그래서 최충헌은 최향의 지지자들이 최우를 해칠까 봐 자기에게 오지 말라고 이야기한 거죠.‡

이해영 아, 장남을 보호하는 차원에서 한 얘기였군요.

신병주 실제로 최충헌 사후에 아들들 사이에 권력투쟁이 일어나요. 결국은 맏아들인 최우, 나중에 이름을 최이로 바꾸는데, 이 최우가 최충헌의 뒤를 잇죠.

류근 최충헌이 진짜 보통 사람이 아니에요. 가장 나약해지고 가장 정서적이 될 때가 바로 사람이 죽어 갈 때인데도 아들에게 문병하러 오지 말라고 말할 수 있는 사람이라니, 정말로 무서운 사람이네요.

최원정 이쯤 되면 최충헌 본인이 왕위에 오르지 않은 게 이상하네요. 충분히 가능했을 것 같은데 말이죠.

신병주 최충헌도 왕이 되고는 싶어 했겠죠. 그러나 그 이전에 이의민처럼 왕위를 노렸던 사람들은 결국 모두 끝이 좋지 않았다는 것을 분명히 반면교사로 삼았을 겁니다. 따라서 권력을 최대로 유지하는 방법으로는 왕을 직접 하는 것보다는 왕을 좌지우지하면서 교체하는 쪽이 낫다고 생각하지 않았을까 싶습니다.

류근 그런데도 끊임없이 왕실의 피로 자신의 신분을 세탁하고 염색하고 싶어 했잖아요.

최태성 어떻게 세탁하고 염색했는지 최충헌과 왕실 사이의 혼맥 관계를 살펴보겠습니다. 맨 처음에는 강종의 서녀를 자기의 셋째 아내로 맞이합니다. 그다음에 아들 최향을 종실 수춘후의 딸과 혼인하게 하고요. 그리고 고종 6년이 되면 아들 최성을 희종의 딸 덕창공주와 결혼하게 합니다. 자기가 폐위한 왕의 딸인데도 개의치 않고, 즉 묻지도 따지지도 않고 혼인을 추진한 거죠.

이익주 고려의 실력자들이 왕실과 자꾸 혼인 관계를 맺으려는 것은 왕실의 신성성이 남달랐기 때문입니다. 특히 최성과 덕창공주의 결혼은 아주 드문 사례입니다. 고려 시대에 왕비가 낳은 공주는 거의 100퍼센트 족내혼을 했습니다. 그 이전에 왕건의 두 딸이 경순왕과 결혼한 사례가 있기는 하지만, 제도가 정비되기 전의 일이죠. 최성과 덕창공주의 결혼은 제도가 만들어진 이래 최초의 족외혼입니다. 고려 후기의 충혜왕 때에 이르기까지도 유일한 사례고요. 최충헌이 스스로 왕이 되려고 한 직접적인 흔적은 찾을 수 없는데, 고려 왕실이 그동안 지녀 온 권위를 최충헌이 자기가 대신 가질 수는 없겠다고 판단했기 때문이 아닐까 하고 생각합니다.

신병주 최충헌이 정말 왕이 되려고 했다면 저항이 엄청났을 겁니다. 왕실뿐만 아니라 일부 신하와 백성들까지 분명히 저항했겠죠. 따라서 모든 사람을 상대로 맞서 싸우기보다는 왕실의 권위를 최대한 인정해 주는 한편으로 그에 버금가는 권위를 가지는 편이 나았을 겁니다.

이해영 책임을 면할 수 있다는 점에서는 훨씬 더 자유로웠을 수도 있었을 것 같아요. 나라 꼴이 엉망이 되든 전쟁에서 지든 왕의 탓으로 돌리면 되잖아요. 어쨌든 최충헌은 왕이 아니라 신하니까요. 책임을 약간 회피할 수 있는 여지를 줄 수 있는 겁니다.

이익주 다소 역설적이긴 합니다만, 최충헌이 그렇게 오랫동안 권력을 유지할 수 있었던 비결은 왕이 되려고 하지 않았기 때문이라고까지 이야기할 수 있습니다. 왕실은 그대로 두고 그 권위를 이용하면서 자기의 실질적인 권력을 유지하고 세습까지 했죠. 그래서 우리 역사상 처음으로 신하가 권력을 4대에 걸쳐 세습할 수 있었던 겁니다.

최충헌이 남긴 영향

류근 옳고 그르다는 평가를 떠나 어쨌거나 최충헌 개인만 보면 누가 뭐래도 희대의 성공한 정치꾼인 건 맞는 것 같아요.

최태성 근데 이렇게 얘기하다 보니까 참 많은 생각이 드네요. 지금 성공한 정치꾼으로 표현하셨는데, 과연 역사는, 그 당시 사람들은 이렇게 잘 먹고 잘산 사람을 어떻게 평가했는지 안다면 "앞으로 어떻게 살 것인가?"라는 질문에 대한 답도 얻을 수 있지 않을까 하는 생각도 좀 들어요. 『고려사절요』의 기록은 다음과 같습니다. "최충헌은 재물을 탐하고 여색을 좋아했으며 벼슬을 팔고 옥사를 흥정했다. 심지어 두 왕을 내쫓고 조신들을 수없이 죽였다. 큰 원망이 하늘까지 뻗쳤는데도 목숨을 잘 보존하여 편안하게 천수를 누렸다. 하늘의 뜻을 알 수 없음이 이와 같단 말인가? 왜 하늘은 이런 사람들을 그냥 놓아두었나?"라고 악평을 하죠.

이해영 그 평가에 동의합니다. 하늘도 무심하시지, 왜 최충헌은 잘살다 갔을까요?

류근 최충헌은 고려라는 나라를 위해서는 그 무엇 하나 고려한 적 없는 인사라는 인상을 받게 돼요.

이익주 우리가 최충헌의 시대를 너무 최충헌이라는 한 개인을 중심으로 평가하고 판단하는 게 아닌가 하는 생각이 듭니다. 최충헌은 권력을 공고히 한 다음에 자기를 도와서 정치를 할 수 있는 문인들을 등용하기 시작합니다. 이전의 이의민이나 정중부와는 다른 모습이죠. 이때 등용된 문인들이 뒤에 신진 사대부로 불리는 계층인데, 신진 사대부들이 허물어진 고려 전기 체제를 대신할 고려 후기의 체제를 만든다는 점을 고려해 보면 최충헌 시대에 관한 평가는 좀 달라질 수도 있을 것 같습니다.

류근 최충헌 개인에 관한 평가와 최충헌 시대에 관한 평가는 다를 것이라는 말씀인 거죠?

이해영 최충헌을 한 개인으로 놓고 봤을 때 "정말 행복했을까?"라는 질문을 던질 수도 있을 것 같아요. 그리고 저는 행복하지 않았을 것으로 봅니다. 여러 암살 위협으로부터 심정적으로 자유로울 수 있었을까요? 그리고 자기 혈족까지 죽일 정도로 수많은 살육을 저질렀는데 마음이 끝까지 편안할 수 있었을까요? 그래서 불행하지 않았을까요?

신병주 최충헌의 가장 큰 문제점은 정치권력을 잡았으면 그 당시에 백성들이 겪는 문제에 어느 정도 대안들을 제시해 나가야 하는데, 그러지 않았죠. 그런 부분에서는 상당히 한계가 있습니다. 우리가 역사를 보면 왕이 무능해도 그 왕을 떠받드는 신하들과 정치체제가 작동하기 때문에 왕의 무능이 크게 드러나지 않고 어느 정도는 해결이 되기도 합니다. 그런데 최충헌처럼 한 개인에게 국가의 최고 권력이 집중된 경우에는 그 개인의 성향이나 능력이 국가의 운명을 좌우할 수 있으므로 더욱 문제가 되죠.

류근 보통은 저능한 지도자가 무능한 정권을 구축해서 나라를 망가뜨리잖아요. 그런데 최충헌은 지능적 정치꾼이 무능한 왕권을 구축해서 나라를, 국운을 갉아먹은 예가 아닌가 하고 생각하게 됩니다.

이익주 최충헌에서 시작된 최씨 정권이 자리를 잡고 62년간 이어지는데, 그 과정을 거치면서 우리 역사에서 공과 사가 뒤섞이는 현상이 나타납니다. 관리들이 국가에 충성한다고 했을 때, 이 충성은 언제나 공적인 것이고 공적인 충성의 대상은 명분과 대의가 있어야 하죠. 그런데 이 시기에는 무신 정권이 들어서면서 국가가 아니라 개인에게 충성하고 그 충성의 대가를 바라는, 사익을 위한 충성을 합니다. 이렇게 되면서 충성이 갖는 의미가 흔들리죠. 예를 들어 몽골과 싸운 것이 고려를 위해 싸운 것인지, 또는 최씨 정권을 위해 싸운 것인지 구분하기 쉽지 않을 정도로 뒤섞입니다. 이처럼 권력의 사사로이 쓰는 일이 최충헌에게서 시작됐다고 해도 큰 과언은 아닐 테니, 최충헌이 남긴 부정적인 영향은 결코 작다고 할 수가 없습니다.

† 임자일에 달이 화성[熒惑星]을 침범하였다. 일관이 아뢰기를, "귀인이 죽겠습니다."라고 하였다. 최충헌이 그 말을 듣고 악공 수십 인을 소집하여 종일 음악을 연주하였다. 밤 삼고(三鼓)에 이르러 연주를 마치기 전에 최충헌이 과연 죽었다. 시호를 경성(景成)이라 하였다. 백관은 소복을 입고 모여 장례를 치렀다. 비기(祕器)와 우보(羽葆), 고취(鼓吹), 기상(旗常)이 모두 왕의 상(喪)과 비슷하였다.
—『고려사절요』 고종 6년(1219) 9월 20일

‡ 최충헌이 병이 나자, 표문을 올려 관직과 사성(賜姓)을 사양하였다. 은밀하게 아들 최우에게 이르기를, "내가 병이 들어 장차 일어나지 못하면 형제간의 다툼[蕭墻之患]이 있을까 염려스럽다. 너는 다시 오지 말라."라고 하였다. (……) 최충헌이 병이 들자 네 사람이 모의하기를, "공께서 만약 세상을 떠나면 우리들은 반드시 최우에게 가루가 될 것이다. 막내아들 최향은 담력이 남보다 뛰어나니, 큰일을 맡길 만하다. 최우가 병문안할 때를 노려 그를 제거하려 한다."라고 하였다. 최우에게 사람을 보내어 보고하기를, "영공(令公)께서 병환이 위독하여 급히 공을 보려고 하십니다."라고 하였다. 이와 같이 하기를 두 세 번 하니, 최우가 더욱 의심하여 가지 않았다.
—『고려사절요』 고종 6년(1219) 9월

3

전쟁의 서막: 몽골 사신 제구예, 살해되다

1216년에 일어난 거란의 침입(고려 전기의 거란과 구분하여 거란 유종(遺種), 즉 남은 무리의 침략이라고 부른다.)은 고려에 상상도 하지 못할 충격을 안겼다. 거란의 뒤를 쫓아 몽골군이 고려 영토로 들어왔던 것이다. 고려는 악전고투 끝에 거란군을 평양 근처의 강동성에 몰아넣었지만, 그곳에서 몽골군을 만나 원치 않는 합동 작전을 펼치게 되었다. 1218년 12월에 강동성에서 몽골군을 만난 것이 기나긴 고려-몽골 관계의 시작이었다.

1219년 1월에 고려와 몽골의 연합군이 강동성의 거란군을 진압하고 나서 조충과 김취려, 카진 등 지휘관들끼리 의형제를 맺은 일이 있었다. 그런데 그것과는 별도로 국가 간에 형제의 맹약이 체결되었다. 몽골이 형, 고려가 아우가 되는 관계로, 몽골은 거란군 소탕을 자기들의 공으로 내세우면서 고려에 상하 관계를 요구했던 것이다. 국가 간의 관계를 군신, 부자, 형제 등으로 의인화하는 것은 몽골 같은 유목 국가의 전통적인 방식이었다. 고려로서는 그 의미를 정확하게 파악하기 어려웠지만, 몽골군이 고려 영토에 들어와 있는 현실을 감안하여 그 요구를 받아들였다.

하지만 형제 맹약에 관한 두 나라의 생각이 서로 달랐다는 사실이 드러나는 데는 오랜 시간이 필요하지 않았다. 몽골은 형제 맹약을 고려의 투배(投拜), 즉 항복으로 해석했다. 반면에 고려는 강화(講和) 또는 화친이라고 표현하고, 거란이나 금과의 관계와 다르지 않은 것으로 해석했다. 이러한 해석을 바탕으로 고려는 몽골을 상국으로 인정하고 공물을 보내면 될 것으로 생각했을 것이다. 그러나 몽골은 마치 정복자인 듯 행동했고, 고려에 과도하게 공물을 요구해 왔다. 그에 더하여 몽골 사신들의 법도에 어긋난 행동이 고려를 자극하는 일이 벌어졌다. 시간이 흐를수록 갈등은 고조

되어 갔고, 1225년 1월에 몽골 사신 제구예가 돌아가는 길에 피살되는 사건이 일어나 양국의 교류는 단절되고 말았다.

제구예 피살 사건이 일어났을 때 몽골의 칭기즈 칸은 중앙아시아 지역을 공격하는 데 집중하고 있었고, 1226년부터는 금 서쪽의 하(흔히 서하(西夏)라고 하지만, 그 나라 사람들은 자기들을 대하(大夏)라고 불렀다.)를 공격하다가 이듬해에 사망했다. 그 후 후계를 둘러싼 내분으로 침략 전쟁을 일체 중단했다가 1229년에 우구데이 칸이 즉위하자 곧 사방으로 침략을 재개했다. 이때 가장 중요한 공격 대상은 중국의 금이었는데, 고려 침략도 그 일환으로 시작되었다. 명분은 물론 제구예 사건에 대한 응징이었다.

1231년 8월, 몽골군이 압록강을 건너 고려로 침입해 왔다. 1259년까지 28년 동안 계속된 장기전이 시작된 것이다. 그 28년 동안 몽골은 총 여섯 차례에 걸쳐 고려를 공격해 왔다. 즉 이 전쟁은 28년 동안 쉼 없이 계속된 것이 아니라 총 6차에 걸쳐 간헐적으로 이어졌던 것인데, 휴전 기간은 총 16년 정도였다. 또한 당시에 몽골의 주된 공격 대상은 중국의 금과 남송이었으므로, 고려에는 대규모 군대를 파견하지 않았던 것으로 보인다.(고려를 공격해 온 몽골군의 규모는 밝혀져 있지 않다.) 그럼에도 불구하고 당시 세계 최강의 몽골 기병을 맞아 싸우기란 결코 쉬운 일이 아니었다.

몽골의 제1차 침입 당시에 고려는 귀주(지금의 평안북도 구성), 자주(지금의 평안남도 순천) 등에서 몽골군의 공격을 막고 성을 지키는 전과를 거두었다. 귀주는 고려 전기에도 강감찬의 귀주대첩이 있던 곳이지만, 이때도 김경손이 몽골군과 싸워 이겼던 것이다. 자주에서는 최춘명이 승리를 이끌었다. 이 밖에 충주에서는 노비들이 중심이 되어 몽골군 선발대의 남하를 막았고, 마산과 관악산에서 활동하던 도적들까지도 항몽전에 참전하는 등 총력전이 펼쳐졌다. 그러나 고려군의 본진이라고 할 수 있는 삼군이 안북부(지금의 평안남도 안주)에서 크게 패하고, 전쟁이 일어난 지 4개월 만에 수도 개경이 몽골 기병에 포위되었다. 그야말로 풍전등화의 상황이었다.

몽골 사신 제구예, 살해되다

1225년 정월, 압록강 너머에서
의문의 살인 사건이 발생한다.
몽골 사신 제구예가 살해된 것이다.

하지만 범인이 누군지 추정할 수 있는
마땅한 증거는 발견되지 않는다.

사건의 경위를 조사하던 몽골은
고려를 배후로 의심하기 시작하고
결국 이 사건은 이후 전쟁의 빌미가 된다.

몽골군의 추격을 피해 인더스강을 건너는 잘랄 웃딘 서아시아의 호라즘 왕조는 몽골 사신을 죽이고 모욕함으로써 몽골의 침략을 받았다.

몽골 사신의 살해, 그 여파는?

최원정 몽골과 30년 가까이 벌인 전쟁의 서막이 된 몽골 사신의 죽음으로 이야기를 시작해 보겠습니다. '제구예(저고여)'라는 인물, 들어 본 적 있으세요?

최태성 몽골 사람으로 고려에 사신으로 왔다는 건 아는데, 사실 그 외에 기록은 없어요.

류근 어쨌든 한 나라의 사신이 외국에서 죽은 거잖아요. 국가 간의 엄청난 외교적 문제이기 때문에 충분히 전쟁이 일어날 수 있는 사건처럼 보입니다. 전운이 감도네요.

이윤석 게다가 몽골이라고 하면 그 당시에 세계 최대 강대국이지 않았나요?

이익주 이때는 몽골이 아직은 그렇게까지 크지 않았을 때입니다. 칭기즈 칸이 대칸이 되어서 영토를 넓혀 가던 시점이죠. 어쨌거나 몽골이 자기들이 보낸 사신을 죽인 나라에 대해서는 끝까지 보복한다는 원칙을 가졌던 것만은 분명합니다.

고려와 몽골의 첫 만남

이윤석 근데 사신이 오간 걸 보면 고려와 몽골 사이에 이전부터 외교 관계가 성립돼 있었다는 얘기인데, 언제부터 서로 알고 지냈어요?

신병주 고려와 몽골의 첫 만남에 관해서는 지난번에도 잠깐 소개한 바가 있습니다. 1216년에 거란이 몽골에 쫓겨 고려 영토 쪽으로 들어와요. 그래서 고려가 한 3년 동안 정말 갖은 고생을 하면서 겨우 거란족을 지금의 평양 부근인 강동성으로 몰아넣어요. 근데 그때 마침 거란을 뒤쫓던 몽골군도 강동성 부근에서 합류해 "고려를 도와주겠다. 우리 같이 협공하자."라고 이야기합니다. 그래서 고려와 몽골의 연합군이 거란족을 완전히 물리칩니다. 이때가 바로 첫 만남이었죠. 그리고 이때 고려 장군으로서 크게 활약한 조충과 김취려[1]가 몽골군의 원수였던 카진(합진)과 개인적으로 형제 관계를 맺습니다.

이익주 카진과 김취려가 형제 관계를 맺을 때 아주 재밌는 이야기가 있습니다. 카진이 김취려에게 "우리 형제 합시다."라고 하면서 나이를 물어요. 그랬더니 김취려가 "나는 예순 가까이 됐습니다."라고 답하거든요. 이에 카진이 김취려에게 "그러면 조충은 나이

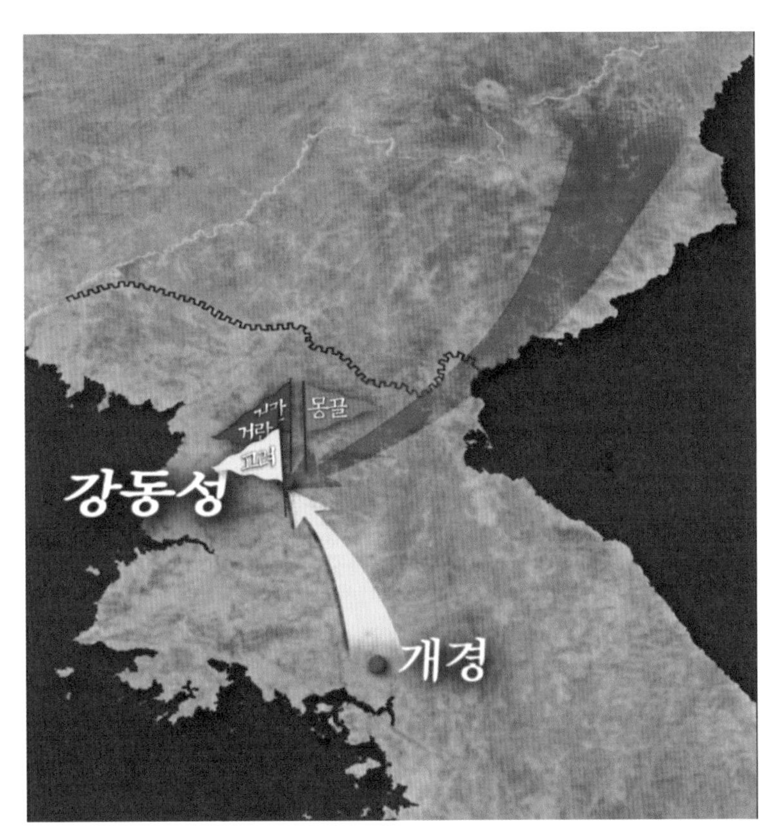

강동성에서 부딪힌 고려군과 몽골군

가 어떻게 됩니까?"라고 물으니까 김취려가 "나보다도 더 많습니다"라고 답하죠. 그러니까 카진이 "나는 아직 40대이니까 당신을 형님으로 모시겠습니다."라고 합니다. 이렇게 해서 조충, 김취려, 카진의 순서로 세 사람이 형제가 됩니다. 그런데 사실 그때 김취려의 나이가 마흔여섯이었어요. 김취려가 자기 나이를 열 살 이상 속여서 형이 되려고 한 거죠. 요즘도 나이를 좀 속여서 윗사람으로 행세하는 사람들이 있지 않습니까? 다만 김취려의 거짓말은 개인적인 허풍이라기보다는 국가를 대표하는 사람

© 문화재청

인천 김취려 묘 김취려의 묘는 인천과 울산 두 곳에 있다.

으로서 기선을 제압하려고 한 노력으로 보입니다.

신병주 김취려의 외모를 묘사한 기록을 보면 키가 6척 5촌으로 엄청 큰데, 수염이 거의 무릎까지 내려왔다고 되어 있습니다.[†] 긴 수염 덕분에 나이를 속여도 될 만큼 나이가 들어 보였을 수도 있죠.

최원정 근데 고려로서는 매우 황당했을 거 같아요. 거란 때문에 애를 먹는 상황에서 그동안 아무런 교류도 없던 몽골이 국경을 넘어온 거잖아요. 얼마나 큰 위기로 느껴졌을까요?

최태성 실제로 고려가 당황합니다. 이런 기록이 있어요. "몽골은 이적 중에서도 가장 흉한하고, 일찍이 우호 관계가 없었으므로 다들 놀라서 진실성을 의심했다." 정말 크게 당황한 거죠. 그런데 같이 싸우자는 몽골의 요청을 거절할 수 있는 상황이 아니었어요. 이미 거란과 싸우고 있는데, 거절해 버리면 몽골과도 싸울 수밖에 없는 상황이 벌어질 수 있으니까요. 그래서 어쩔 수 없이 몽골과 연합해서 거란을 진압해요. 근데 진압한 직후에 몽골이 양국 간에 형제의 맹약을 맺자고 고려에 요구하죠.

류근 고려 스스로 충분히 해결할 수 있었는데, 갑자기 끼어들어 숟가락 하나 얹은 다음에 형과 아우가 되자고 했다는 거 아니에요? 그러면 당연히 몽골이 형 노릇을 하려고 했겠네요?

이윤석 그래도 형제 관계라고 하니까 군신 관계보다는 좀 나은 게 아니었을까 하는 생각이 듭니다. 뭔가 수평적이고, 훈훈하고, 우애에 기반을 둔 관계 같은 느낌이 있어요. 그래도 몽골이 고려에 호감이 있었나 봅니다.

이익주 고려에 호감이 있었다기보다는 고려를 고구려와 같은 나라로 알았다는 점이 컸을 겁니다. 훗날인 1259년에 고려 태자가 몽골에 가서 쿠빌라이를 만납니다. 그때 쿠빌라이가 이렇게 말합니다. "고려는 만 리나 되는 큰 나라다. 옛날에 당 태종이 친정했어도 뜻을 이루지 못했는데, 지금 그 태자가 나에게 왔으니 이건 하늘의 뜻이다."

류근 진짜 고려를 고구려라고 생각했나 봐요? 몽골이 그 정도로 국제 정세에 어두웠는데도 패권 국가가 되었다는 게 신기하지 않습니까? 그나마 고구려에 대한 경외심 같은 게 있었기 때문에 그래도 간 보기 정도로 형제가 되자는 카드를 내밀어 본 거 같아요.

신병주 고려는 고구려를 계승한 국가라는 인식이 있었으니 크게 착각한 건 아니지요.

최원정 고구려의 국제적 위상이 그만큼 대단했다는 얘기네요. 그렇다면 고려 외에 몽골이 형제 관계를 맺은 나라는 또 어디에요?

이익주 없습니다. 그때까지 몽골은 형제 관계는 동맹이든 무언가 맹약을 맺은 경우가 별로 없었습니다. 오로지 정복해서 멸망시키기만 했죠. 상대국을 그대로 두고 형제 맹약을 맺은 경우는 고려가 거의 처음일 겁니다. 그 이유에 관해서는 밝혀져 있지 않은데,

고려를 고구려에서 연상되는 강대국으로 보는 시각이 영향을 미치지 않았나 짐작해 봅니다. 또는 그 당시에 몽골의 주된 관심이 중앙아시아와 중동 쪽에 있었기 때문에 동쪽에 있는 고려에 대해서는 이 정도 선에서 마무리해 두려는 전략적인 판단을 내리지 않았을까 추측할 뿐입니다.

† 김취려는 신장이 6척 5촌으로 컸으며 수염은 배 아래까지 내려와 매번 복장을 갖출 때는 반드시 두 명의 여종에게 수염을 나누어 들게 한 뒤 띠를 묶었다. 카진은 그 우람하고 뛰어난 모습을 보고 그 말씨를 듣고는 크게 기이하게 여기고는 인도하여 나란히 앉아 나이가 몇인가를 물었다. 김취려가 말하기를, "근 예순이오."라고 하자 카진은 "나는 아직 쉰이 못 되었지만 이미 한집안이 되었으니 그대는 형이 되어 나를 동생으로 삼겠습니까?"라고 하며 김취려로 하여금 동향하여 앉게 하였다. (……) 며칠 뒤 조충이 다시 오자 카진이 묻기를, "원수(元帥)의 나이는 형과 비교하여 누가 많소?"라고 하자 김취려는 말하기를, "나보다 나이가 많소."라고 하니 이내 조충을 인도하여 상좌에 앉도록 하고 (……) 좌정한 후 술자리를 베풀고는 즐거워하였다.
—『고려사』「김취려 열전」

형제 맹약: 고려와 몽골의 동상이몽

류근 고려가 고구려 형님 덕을 본 건 분명하네요. 아주 큰 위험에 빠진 건 아니잖아요. 그런데 형제라고 해도 우애 있는 형제가 있고, 불화하는 형제가 있기 마련이잖아요. 그럼 몽골은 고려를 정말로 형제처럼 대접해 줍니까?

신병주 예전에 국어책에 나온 의좋은 형제 이야기를 보면 형이 동생에게 곡식을 주잖아요. 고려와 몽골의 형제 관계는 그렇지 않아요. 완전히 거꾸로입니다. 형이 동생에게 뺏는 관계죠. 몽골이 고려에 사신을 보내는데, 가장 큰 목적은 공물을 요구하는 거예요. 1221년 8월에 몽골이 요구한 공물의 내역을 보면 수달 가죽 1만 장, 고운 비단 3000필, 고운 모시 2000필, 면화 1만 근 등입니다. 게다가 문제는 몽골 사신들이 너무 자주 오는 거예요. 앞에 온 사신이 아직 공물을 받는 중인데, 이미 다음 사신이 출발하는 식이죠. 그래서 1221년에는 사신이 1년에 네 번이나 와요.

이윤석 의좋은 형제 사이 정도까지 기대는 안 했지만, 이 정도면 정말 심하네요. 도대체 몽골은 왜 이렇게 무리하게 고려에 요구를 한 겁니까?

이익주 형제 관계에 관한 해석이 서로 달랐던 것 같습니다. 국가 간에 형제 관계를 맺는다는 게 상당히 어색해 보일 수도 있을 텐데, 약 100년 전에도 고려는 금으로부터 형제 관계를 맺자고 요구받은 적이 있습니다. 그러다가 나중에는 군신 관계가 되어서 고려는 금에 칭신상표(稱臣上表), 즉 신하를 칭하고 표문을 보내면서 조공하죠. 고려는 몽골과 맺은 관계를 그때와 똑같은 것으로 해석합니다. 문제는 몽골이 고려와 맺은 형제 관계를 처음부터 끝까지 투배(投拜)라는 말로 표현했다는 겁니다. 투배는 "투항해서 절한다."라는 말이니까 복종한다는 뜻이죠. 몽골은 형제 관계를 맺은 고려를 자기들이 복속시켰다고 생각해, 정복자로서 자기들의 권리를 주장했던 것이라고 할 수 있습니다.

최원정 말이 좋아 형제 맹약이지, 거의 불평등 조약이네요.

최태성 몽골의 무리한 공물 요구도 심했지만, 사신들의 횡포도 정말 장난이 아니었어요. 예를 들면 공물이 마음에 안 든다고 던지면서† 다시 갖고 오게 합니다. 다시 가지고 온 공물도 마음에 안 든다고 퇴짜를 놓고요. 게다가 접대가 별로라면서 고려 관리에게 활을 쏘고 몽둥이로 두들기는 등 난장판을 벌여요. 아주 무례하게 행동한 거죠.

신병주 몽골 사신이 쏜 화살에 고려 환관이 맞아 중상을 입기도 합니다.

이윤석 고려는 예의를 갖춰 조공을 바치면 된다고 생각한 것 같은데, 몽골 쪽은 힘을 앞세워 상납받고 갈취했네요. 외교라는 게 절차와

칭기즈 칸

예의가 필요한데 말이죠.

최원정 진짜 못된 고객님들이네요. 몽골이 아무리 강대국이라 하더라도 고려가 이런 수모를 다 견뎌 내야 하나요?

이익주 물론 고려는 그대로 끌려다니지 않습니다. 앞서 나온 난동을 부린 사신이 바로 나중에 죽임을 당한 제구예인데, 고려 쪽에서는 바깥에서 문을 잠가 사신을 감금합니다. 공물 요구에 대해서는 "그 물건은 고려에서 나지 않는다. 나지 않는 물건은 공물로 보낼 수 없다."라는 자세로 끝까지 버텨서 보내지 않습니다.‡ 그리고 원래 1년에 한 번, 열 명 이내의 사신을 보내게 되어 있는데, 몽골에서 사신을 자주 더 많이 보내오니까 원래의 약속을 상기시키면서 꼭 지켜 달라고 요구하죠. 또한 아주 중요한 사실이 있습니다. 몽골이 처음에 형제 관계를 맺을 때 고려 왕이 직접 칭기즈 칸을 만나러 오라고 요구합니다. 이것을 국왕의 친조라고 하는데, 고려는 끝까지 거부합니다. "우리 역사상 그런 예가 없다."라는 것이 그 거부의 이유입니다.

이윤석 고려가 논리적으로 이치에 맞게 하나하나 반박하니까 감탄할 수밖에 없네요. 틀린 말이 없으니까 몽골로서는 할 말이 없었을 거 같아요. 그러면서도 내심 힘은 자기들이 더 센데 말이나 글로는 못 이기겠으니 화가 났을 거고요. 그런데 마침 제구예라는 사신이 고려에서 돌아오다가 죽은 거예요. 그래서 이 건을 빌미로 삼으면 되겠다는 마음도 있지 않았을까 하는 생각이 듭니다.

최원정 제구예 살해범이 누구인지에 따라 고려로서는 나라의 존망이 달린 상황인데, 과연 범인은 누구일까요? 어떻게 된 거죠?

† 제구예 등이 균지(鈞旨)를 전달한 다음 전 아래로 내려가면서 각자 품속에 있던 물건을 꺼내어 왕 앞에 던져버렸는데, 모두 작년에 주었던 거친 명주[麤紬布]였다.
—『고려사』「세가」 고종 8년(1221) 8월 13일

‡ 절차에 필요한 바의 붓은 본래 노란 쥐의 털로 만든 것인데, 노란 쥐는 우리나라에 있는 것이 아니어서 요구에 응할 수 없었습니다.
—『동문선』「동전서」

추적 6분: 몽골 사신 피살 사건의 진실

이광용 저는 몽골이 고려를 침략하는 명분이 되었던 제구예 피살 사건의 현장에 나와 있습니다. 바로 여기가 제구예가 피살당한 곳인데, 저 멀리 무언가가 보이네요. 아, 비단입니다. 제구예 일행이 고려에서 공물로 받은 비단이 아닌가 싶습니다.

이윤석 잠깐만요. 그러면 저 비단이 중요한 증거겠네요. 저런 비싼 물건이 그대로 남아 있는 걸 보면 단순한 강도 사건은 아닌 거 같아요. 사람 목숨만 노렸을 때는 원한에 의한 살인인 경우가 많습니다.

신병주 사실 저 비단은 제구예 일행이 버리고 간 비단이에요. 자기들이 요구했던 수준이 아니니까 그냥 버리고 간 거죠. 다만 자기들에게 아주 필요한 수달 가죽은 확실하게 가져갔어요. 이렇게 몽골 사신들이 공물로 받은 물건 중에 필요 없는 물건을 버리고 간 사례는 전에도 있었습니다.† 결과적으로 크게 보면 고려에 대한 불만을 표시하는 거고요.

류근 그럼 단순 강도 사건일 수도 있다는 뜻인가요?

이광용 류근 시인께서 말씀하신 것처럼 단순한 강도 사건일 수도 있고, 아니면 정말 치밀하게 계획된 살인 사건일 수도 있습니다. 만약에 이 사건이 누군가가 계획한 살인 사건이라면 대체 누가 몽골 사신을 살해한 것일까요? 그럼 지금부터 제구예 살해 사건의 유력한 용의자를 하나씩 공개해 드리겠습니다. 먼저 첫 번째 용의자는 고려입니다. 고려를 범인으로 지목한 쪽은 몽골입니다. 몽골이 제구예 피살 사건을 조사하기 위해 사람을 파견했는데, 고려 쪽에서 활을 쏘아 그 사람을 쫓아냈다는 겁니다. 몽골 측에서는 고려가 범인이 아니라면 왜 그랬겠냐는 입장입니다. 이와 같은 몽골의 주장에 고려는 "진상 조사단이 몽골 복장을 한 여진족인 줄 알았다."라고 해명하고요.

이윤석 이건 또 무슨 뜻으로 한 말일까요? 변명치고는 약간 허술한 거 아닙니까? 여진 사람이 몽골 복장을 왜 합니까?

이광용 고려는 왜 이런 해명을 내놓은 걸까요? 이해를 돕기 위해 참고인의 의견을 전화로 들어 보겠습니다. 여보세요?

참고인 여보세요?

이광용 고려 국경을 지키는 국경 수비대 소속이시죠?

참고인 네, 그렇습니다.

이광용 고려 조정에서는 국경 수비대가 몽골에서 보낸 진상 조사단을 몽골 복장을 한 여진족인 줄 알았다고 하던데, 왜 그렇게 판단하신 거죠?

참고인 사실은 전에도 근처에 사는 여진족들이 몽골 옷차림으로 변장하고 국경을 침범한 적이 여러 번 있어요.‡ 그러니 충분히 착각할 만하죠. 게다가 이쪽 압록강은 몽골 사신들이 다니는 길이 아니에요. 몽골 사신들은 원래 동진 쪽, 그러니까 두만강 쪽을 경유해서 다녔거든요. 안 다니던 길로 오니까 이쪽에서는 여진족들이 또 변장하고 왔다고 생각할 수밖에요.

이광용 혹시 제구예 피살 사건이 일어나던 시점에 뭔가 이상한 점을 발견하지는 않았습니까?

참고인 사건이 일어난 압록강 너머는 우리 관할이 아닙니다. 국경 밖에서 일어난 일까지 어떻게 신경 씁니까?

이광용 네, 말씀 고맙습니다. 참고인의 말을 듣고 보니 고려의 해명도 나름대로 설득력은 있습니다. 한편 고려는 전혀 다른 용의자를 범인으로 지목합니다. 바로 동진입니다. 동진은 거란을 토벌하기 위해 파병되었던 금나라의 포선만노가 금나라를 배신하고 세운 나라죠. 그러니까 이들은 여진족입니다.

이윤석 근데 제구예 피살 사건은 고려와 몽골의 문제인데, 왜 갑자기 동진이 튀어나오는 겁니까?

이익주 이 무렵에 동진은 몽골과 대립하고 있었습니다. 고려에 국서를 보내 "이제 우리가 몽골과 외교 관계를 단절했다. 그리고 칭기즈 칸은 서쪽을 공격하러 가서 아직 죽었는지 살았는지도 모른다."라면서 고려의 협력을 요구하고, 무역도 희망합니다. 물론 고려는 진실을 확인하기 전까지는 이 말을 믿지 않습니다.

이광용 고려는 동진의 포선만노가 자기 부하들을 몽골인으로 위장해 제구예 일행을 습격함으로써 몽골과 고려의 관계를 이간하려 했다고 주장합니다. 그렇다면 마지막 용의자는 누굴까요? 바로 몽골입니다.

이윤석 몽골이 범인이라는 주장은 너무 심한 거 아닙니까? 자작극이라는 얘기잖아요. 자국의 사신을 죽인다니 말이 되나요?

류근 아니죠. 몽골이 그런 식의 자작극을 벌일 소지는 충분히 있는 거 아닙니까? 고려를 압박할 빌미를 만들 수 있다면 몇 사람 잡는 건 일도 아니죠. 역사상 이런 예는 너무나 많아요. 국가 대 국가 간에는 이 정도 자작극은 아주 비일비재하게 벌어지는 사건이에요. 그리고 사실 몽골의 자작극이 아니라고 하더라도 제구예가 길 가다가 지병이나 과로로 돌연사할 수 있는 거 아니에요?

이광용 지금까지 살펴봤듯이 범인을 특정 지을 수 있는 확실한 증거는 전혀 없습니다. 하지만 몽골은 고려를 범인으로 단정 지어 버리죠. 이 때문에 고려와 몽골의 관계가 단절되어 버리고 맙니다. 과연 고려를 범인으로 지목한 몽골의 의혹 제기는 합리적인 걸까요?

† 몽골 사신이 서경을 떠나 압록강을 건너면서 다만 나라의 예물[國贐]인 수달가죽[獺皮]만 가지고 가고 그 나머지 비단[紬布] 등의 물품은 모두 들에 버리고 갔는데, 도중에 도적에게 살해당하자 몽골에서 도리어 우리를 의심하여 마침내 국교가 끊어지게 되었다.
—『고려사』「세가」 고종 12년(1225) 1월 22일

‡ 그전에 가불애가 거짓으로 상국(上國)의 복장으로 변장하고 여러 차례 변방을 침범해 왔는데, 변방 백성들은 한참 뒤 그가 가짜임을 깨달았습니다. 이번 봄에 또 그와 같은 사람들이 있어 바야흐로 쫓아내려 했는데 (……) 대국(大國)에서 사람이 오기를 기다렸다가 그 진위[眞贗]를 판별하고자 한 것입니다.
—『고려사』「세가」 고종 18년(1231) 12월 29일

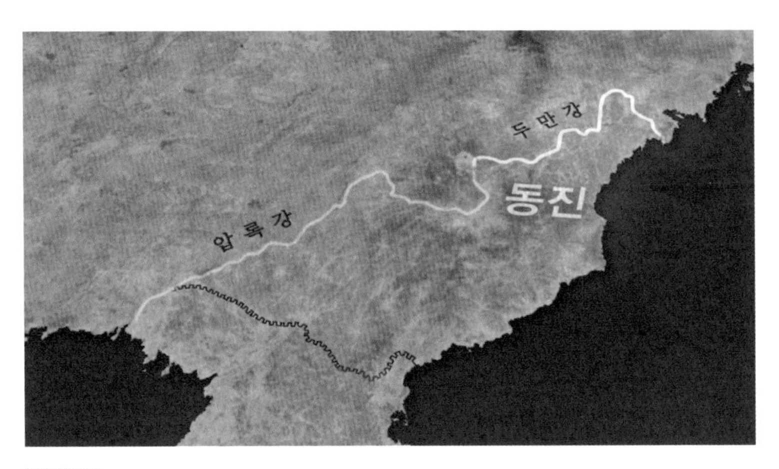

동진의 영역

제구예 살해 사건의 범인은?

최원정 제구예 살해 사건에 용의자가 셋 등장했습니다. 누가 가장 의심스러우세요?

류근 보통은 사건이 일어나면 과거에 동종 범죄를 일으킨 사람을 용의선상에 가장 먼저 두지 않습니까? 그리고 그동안 여진족들이 여러 차례 그 지역을 침범했다는 참고인의 증언이 있잖아요. 동진이 의심스러워요. 몽골과 외교 관계도 단절됐고, 고려에 손을 내밀었는데도 회유에 실패했고……. 동진이 고려와 몽골 양국을 이간질하려고 벌인 일이라는 데 한 표를 던지고 싶습니다.

최원정 그런데 원래 이런 사건을 조사할 때는 이 사건으로 말미암아 가장 이득을 보는 사람이 누구인지를 판단하잖아요.

이윤석 그렇죠. 그게 중요하죠. 매우 예리하게 지적하셨는데, 이 사건으로 고려가 가장 큰 이득을 본 것이 아닌가 하는 생각이 듭니다. 아까 사신의 횡포가 심하다고 했잖아요. 인생에서 제일 힘든 것 중 두 가지가 돈을 뺏기는 일과 보기 싫은 사람을 만나는 일이거든요. 고려가 몽골과 외교가 단절되면서 일단은 무리한 조공에서 벗어났고, 보기 싫은 몽골 사신들을 보지 않아도 되게 되었어요. 이번 사건으로 돈과 사람이라는 두 가지 고충을 한꺼번에 다 해결한 셈입니다.

신병주 어느 정도 설득력이 있는 게, 사실 제구예의 횡포가 특히 심했거든요. 따라서 제구예라는 인물을 죽임으로써 다른 사신들에게 제2의 제구예가 되지 말라고 경고하는 효과가 있을 수도 있죠.

류근 아니, 외교를 예술의 경지까지 끌어올린 고려 아닙니까? 그런 고려가 그렇게 단순한 작전을 펼쳤을 리가 없어요. 몇 년 정도 조공을 안 하려고 전쟁을 감수할 나라가 세상 어디에 있겠습니까? 치사하고 더럽더라도 공물 좀 뜯기는 게 낫지, 그게 싫다고 전쟁을 해요? 고려 정도 되는 국가가 잠깐 편하자고 전쟁하는 길을 선택한다는 말이에요? 그런데 아까 참고인 증언에 의하면 제구예 살해 사건이 고려의 국경 밖에서 벌어진 일이라면서요? 게다가 제구예 일행이 간 길이 원래 몽골 사신들이 이용하던 경로가 아니라고 했고요.

최원정 왜 제구예 일행은 정해진 경로를 이용하지 않았을까요?

이익주 몽골과 동진의 관계가 악화되기 전에는 몽골 사신이 동진 영토를 거쳐 두만강을 건너 고려의 동북면 쪽을 통해 개경으로 들어오는 길을 이용합니다. 그런데 동진이 몽골과 대립하면서 기존의 길을 이용하지 못하게 됐죠. 그래서 그다음부터 오는 몽골 사신은 압록강을 건너 개경으로 들어오는 길을 택합니다.

최태성 사건의 결과만 놓고 보면 몽골로서는 이 사건을 빌미로 고려를 공격할 수 있었으니 나쁠 것이 없어요.

이윤석 몽골은 침략을 하면서 잘잘못을 따지고 설명하는 나라가 아닙니다. 세계를 정복한 나라잖아요. 자기들이 그냥 치고 싶으면 치는 거예요. 제가 보기에는 제구예가 죽지 않았더라도 몽골이 그럴 마음만 먹으면 언제든 고려를 침략했을 겁니다.

이익주 이 문제는 답을 찾기가 어렵습니다. 다만 좀 더 중요한 문제는 이 사건이 그 이후의 사태에 어떤 영향을 끼쳤는지를 따져 보는 것입니다.

이윤석 요즘도 뭔가 우연찮은 사건이 정치적으로 비화되기도 하잖아요. 음모론이 나오기도 하고요. 어떻게 보면 사건 자체에 너무 휘둘려도 안 될 것 같습니다.

신병주 이런 사건은 결과가 어떻게 되었는지를, 즉 그 이후의 과정을 분석하는 게 중요합니다. 그때도 미제 사건이었는데 "도대체 누가 죽였는가?"라는 의문을 이제 와서 해결하려고 하면 참 어렵죠.

기나긴 전쟁의 서막이 오르다

제구예 피살 사건으로부터 6년 후,
몽골은 갑자기 고려를 침공한다.
제구예의 죽음이 고려의 책임이라는 이유였다.

몽골군은 순식간에 국경을 넘어오고,
최초로 몽골군을 맞닥뜨린 함신진은
승산이 없다고 판단해 몽골군에 항복한다.

한편 철주는 몽골군의 공격에
죽음으로 저항한다.
고려와 몽골, 기나긴 전쟁의
서막이 오른 것이다.

광성보의 참상 강화도의 광성보는 1871년에 일어난 신미양요 때 가장 치열한 격전지였다.

몽골, 고려를 침략하다

최원정 근데 몽골이 제구예를 죽인 범인으로 고려를 지목했으면 사건 직후에 바로 쳐들어왔어야 하는 거 아니에요? 그 사이에 6년이나 되는 시간은 무슨 의미죠?

류근 그러게요. 6년에 걸쳐 진상을 조사했을까요?

이윤석 고려로서는 정말 당황스러웠을 거 같아요. 6년 전에 일어난 사건을 이유로 들면서 갑자기 쳐들어온 거잖아요.

신병주 근대사에서도 비슷한 사례가 있습니다. 흥선대원군이 집권하던 시절인 1871년에 일어난 신미양요[2]인데, 미국 부대가 쳐들어온 사건이죠. 그런데 신미양요 때 미국이 빌미로 삼은 것이 1866년에 일어난 제너럴셔먼호[3] 사건이에요. 조선은 거의 잊었는데 갑자기 미국이 "너희 조선이 대동강 변에서 우리 미국의 배를 다 불태웠지?"라면서 쳐들어오거든요. 마찬가지로 고려도 제구예 살해 사건의 유효기간이 거의 끝났다고 알았는데, 갑자기 몽골이 문제로 삼은 겁니다.

이윤석 꼭 이유가 있어서 때리는 게 아니에요. 때리고 싶어서 이유를 찾을 때가 있고, 심지어는 때리고 난 다음에 이유를 찾을 때도 있죠. 그나저나 몽골은 왜 하필이면 지금 이 시점에 고려를 공격한 겁니까?

이익주 6년 전, 그러니까 고려와 형제 관계를 맺었을 때와는 상황이 달라져요. 전에는 몽골의 주된 관심이 중앙아시아와 중동, 동유럽 쪽에 있었다면 이제는 중국으로 향합니다. 금을 본격적으로 공격하기에 앞서 금과 사대 관계를 맺은 고려를 제압할 필요를 느꼈던 것이죠. 따라서 6년 전에 일어난 제구예 피살 사건을 구실로 삼아 전쟁을 시작한 겁니다. 어찌 보면 제구예 피살 사건이 없었더라도 다른 핑계를 잡아 이 전쟁은 일어났을 거예요.

최원정 그렇다면 제구예 피살 사건 이후에 몽골과 관계가 안 좋아진 고려에서는 무언가 대비를 했나요?

신병주 고려로서는 자기들이 제구예를 죽이지 않았다고 확신했으므로 그 사건을 빌미로 삼아 몽골이 이렇게 기습적으로, 전면적으로 쳐들어올 것으로는 예상을 못 했죠.

류근 억울하게 기습을 당한 거네요. 그럼 고려는 몽골의 침략에 제대로 대응도 할 수 없는 상태인가요?

신병주 초반인 8월 29일에 철주성이 함락되는데, 3일 뒤인 9월 2일에 삼군을 바로 편성해서 파견하고 각 지방에서 지방군을 불러들여 어느 정도 방어책은 수립합니다. 근데 처음에 사실 고려에서는 여진족이 쳐들어온 것일 수도 있다는 판단까지 할 정도였어요.

이윤석 누군지 알아야 제대로 대응할 텐데, 도대체 고려는 언제쯤이면 이번에 침략한 게 몽골군이라는 것을 아는 겁니까?

최태성 10월 초에 몽골이 항복을 권하는 사신을 보내요.† 그런데 고려가 가짜에 속아 본 경험이 정말 많잖아요. 몽골 사신이 맞는지 긴가민가한 거예요. 그래서 일단 억류해서 개경으로 압송하고 조사해 보고 나서야 진짜 몽골 사신임을 알게 됩니다.

류근 항복하라고 요구하는 사신을 가짜로 의심해 잡아들일 정도면 그 몽골 사신도 답답했겠지만, 고려는 얼마나 더 답답했겠어요. 적이 쳐들어왔는데 그 적이 누군지도 제대로 모르는 거잖아요.

최원정 옷을 똑같이 입고 변장하기도 하니까 의심할 수밖에요. 요즘처럼 여권을 보여 달라고 할 수도 없고요.

이익주 이때 문제가 됐던 것은 정보의 부재입니다. 몽골이 새로 커 나가면서 중앙아시아를 거쳐 동유럽까지 진출하는데, 이런 세계정세를 고려로서는 알 수가 없었던 것이죠. 고려는 몽골에 관한 정보를 주로 금을 통해 간접적으로 받았는데, 그 정보가 왜곡된 채로 고려에 들어옵니다. "몽골이 번성하고 있지만, 사실은 별거 아니다. 우리 금이 막을 수 있다."라는 식이었거든요. 그러다 보니까 기습을 받아서 국경 지대에 있는 고려의 백성들이 아주 큰 곤란을 겪습니다. 함신진은 처음에 포위를 당하니까 항복한 반면에, 함신진 바로 옆에 있었던 철주라는 곳에서는 몽골군이 성을 포위하니까 성 안에 있는 부녀자와 어린아이를 전부 창고에 가두어 먼저 죽인 다음에 장정들은 끝까지 싸우다가 모두 자결합니다.

최태성 일단 몽골군이 너무 세요. 세계 대제국을 건설했던 몽골군의 주력이 기병이잖아요. 말을 타니까 기동력이 엄청나게 대단합니다. 몽골군이 말을 여러 마리 끌고 다니면서 말이 지칠 때마다 갈아탐으로써 계속해서 매우 빠르게 밀고 내려오는 거예요. 그러니까 당시에 고려군이 황주 동천역에 머물렀는데 몽골군의 빠른 속도에 허를 찔립니다. 기습을 당한 거죠. 그런데 이때 고려에 지원군이 등장합니다. 그 지원군이 누구일까요?

류근 정답! 저는 알죠. 우리 역사상 최고의 명장, 동장군입니다. 이때쯤이면 나타날 때가 된 거 같은데 말이죠.

최원정 몽골군은 고려의 북쪽에서 왔는데 동장군이 쓸모가 있을까요? 그보다는 동진이 도와주러 온 게 아닐까요?

최태성 그 정체는 바로 초적입니다. 초적은 고려 민중이에요. 먹고살기 어려운 백성들이 고향을 떠나 떠돌아다니다가 무리를 지어 도적질하는 무리가 된 거죠. 사실 이 초적들은 무신 정권에 반발하는 사람들이었는데, 몽골군이 오니까 무신 정권에 손을 내밀고 몽골에 대항해 함께 싸우자고 한 거예요. 심지어 마산, 이 마산은 오늘날의 경기도 파주인데, 그 마산에 있는 초적 우두머리 두 명이 직접 최우에게 와서 몽골과의 전쟁에 자기들을 써 달라고 자원합니다.‡

류근 초적들이 평소에는 관군들에 쫓기던 사람들이잖아요. 그런데 나라에 위기가 닥치니까 일단 묵은 감정은 접고 외적과 싸우자는 거네요.

이윤석 초적들이 먹고살기 어려워 어쩔 수 없이 초적이 된 거잖아요. 때로는 환경이 사람을 만들기도 하는 것 같아요.

이익주 최우는 마산 초적들에게 받은 제의에서 아이디어를 얻습니다. 그래서 광주 관악산, 즉 지금의 서울 관악산에 있는 초적들에게 사람을 보내 불러들여 고려군으로 충원합니다.

이윤석 그래도 초적이잖아요. 정예병이 아닌데, 세계를 제패한 몽골군

관악산에서 본 서울 오늘날 관악산은 서울과 안양, 과천에 걸쳐 있다.

에 상대가 됐을까 싶어요.

이익주 그 당시에 몽골군은 세 갈래로 나뉘어 고려를 공격해 옵니다. 첫 번째 선봉대가 아주 빠른 속도로 충주까지 내려가는데, 충주가 뚫리지 않으면서 경상도 지역이 모두 안전해질 수가 있었습니다. 또한 살리타이(사르탁)가 지휘하는 주력부대는 서해안을 따라 내려오다가 평주에 도착하는데, 평주는 아까 몽골 사신 두 명을 붙잡아 개경으로 압송했던 곳입니다. 사신을 억류한 것에 대한 보복으로 몽골군이 아주 치열하게 평주를 공격했고, 사료를 보면 전투가 끝난 나음에 "닭 한 마리, 개 한 마리도 남지 않았다."라고 되어 있습니다. 성 안에 있던 사람이 모두 죽임을 당한 것으로 보입니다. 한편 고려에서 파견한 삼군은 안북부에서 몽골군과 전투를 벌이는데, 고려군이 작전상 아주 커다란 실수를 합니다.

성을 지키지 않고 나와서 싸우다가 몽골군에 대패를 당하죠.

류근 몽골군의 전투력이 세계 최강이라고 하더니, 과연 명불허전이네요.

최원정 아까 닭과 개도 남지 않을 정도로 성 안에 있는 모든 것을 죽였다고 했는데, 몽골군으로서는 굳이 고려를 이토록 잔인하게 대할 필요가 있었을까요?

신병주 그 당시에 몽골이 세계 대제국을 건설하면서 취한 전형적인 방식이죠. 항복을 권하고 상대가 항복하지 않으면 정말 철저하게 짓밟아요. 사람은 물론이고 가축 하나 남김없이 살육하니까 결과적으로는 그 소식이 다른 지역까지 퍼집니다. "몽골군에 저항하면 모두가 완전히 희생당한다."라는 소문이 들리니 알아서 항복하고요. 요즘도 흔히 쓰는 이른바 '충격과 공포' 전략이죠.

이윤석 얘기를 듣다 보니까 정말 암울해지는데, 그러면 고려는 희망이 없는 겁니까?

신병주 완전히 포기하기에는 이릅니다. 무시무시한 세계 최강의 몽골군을 상대로 선전한 지역이 몇 군데 있어요. 그중에 한 곳은 여러분도 잘 아실 거고요. 강감찬이라고 하면 생각나는 지역이 어디일까요?

이윤석 낙성대도 생각나지만, 귀주대첩이 제일 먼저 떠오르죠.

신병주 그렇죠. 내륙 노선을 따라 남하하며 진격하던 몽골 부대가 귀주성에 이르는데, 바로 거기서 몽골 제1차 침입 당시의 최대 공방전이 벌어집니다. 9월에서 다음 해 1월까지 넉 달에 걸쳐 벌어진 전투에서 귀주성은 끝까지 함락당하지 않고 몽골군의 공격을 막아 냅니다.

최원정 그러면 귀주성은 과연 어떻게 몽골군의 공격을 막아 냈을까요? 현장을 연결합니다.

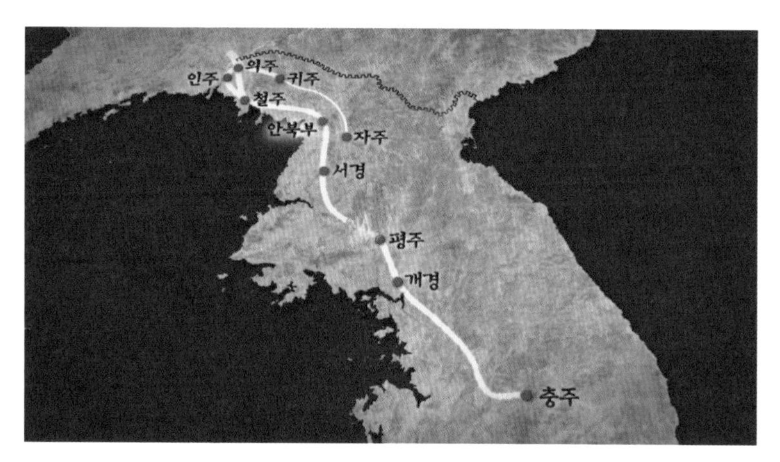

몽골군의 진격로

† 몽골인 두 사람이 첩(牒)을 가지고 평주(平州)에 도착하자 평주에서는 그들을 가두고 보고하였다. 조정에서 논의가 분분하였는데 혹은 죽여야 한다고 하고 혹은 그 연유를 묻는 것이 마땅하다고 하였다. 이에 전중시어사(殿中侍御史) 김효인을 보내 물었다. 그 첩에서 말하기를, "우리 병사들이 처음 함신진(咸新鎭)에 이르렀을 때 (우리를) 맞이하여 항복한 자는 모두 죽이지 않았다. 너희 나라가 만약 항복하지 않는다면 우리는 끝내 돌아가지 않을 것이고, 항복한다면 동진(東眞)을 향해 갈 것이다."라고 하였다.
—『고려사』「세가」 고종 18년(1231) 10월 1일

‡ 마산(馬山) 초적(草賊)의 괴수 두 사람이 스스로 항복하고 최우에게 와서 말하기를, "우리들은 청컨대 정예병 5000인으로 몽골군을 격퇴하는 것을 돕겠습니다."라고 하였다. 최우가 크게 기뻐하여 매우 후하게 상을 주었다.
—『고려사』「세가」 고종 18년(1231) 9월

고려-몽골 제1차 전쟁: 귀주성 전투

이광용　몽골군의 공격에 철벽 수비로 맞서는 귀주성! 저는 고려군 전시 상황실에 나와 있습니다. 현재 귀주성의 고려군은 넉 달째 몽골군의 공격을 잘 막아 내고 있는데, 과연 그 비결은 뭘까요? 귀주성을 지키는 고려군의 전술을 박금수 박사님과 함께

전격적으로 분석해 보겠습니다.

박금수 귀주성에는 현재 약 2000명의 병력이 상주하고 있고, 서북면 병마사 박서와 인근 여러 성의 지휘관들이 집결해 있습니다. 그중에서 귀주성 사수에 가장 큰 활약을 보이는 인물은 바로 박서와 정주의 분도장군 김경손입니다. 특히 김경손은 첫 전투에서 열두 명의 결사대를 데리고 몽골군에 맞섰습니다.

류근 말이 돼요? 열두 명의 결사대요? 무슨 영화 제목도 아니고 말이죠.

이윤석 역사를 얘기하셔야 하는데, 지금 전설을 얘기하고 계시네요.

박금수 처음에는 김경손도 열두 명 외에 다른 여러 성에서 온 별초들을 데리고 나갔다고 합니다. "목숨을 돌보지 말고 죽더라도 물러서지 마라."라는 결연한 명령을 내리는데, 정주에서 따라온 결사대 외의 다른 사람들은 명령에 불응하고 땅에 엎드린 채 움직이지 않습니다. 그래서 김경손은 이들을 돌려보내고 단 열두 명의 결사대만 데리고 전투에 나선 것이죠.

이광용 근데 아무리 그렇다고 해도 열두 명을 데리고 몽골군을 상대할 수 있나요? 몽골군이 어떤 군대인데…… 불가능한 작전 아닌가요?

박금수 옛말에 기각지세(掎角之勢)를 이용해 싸운다는 말이 있습니다. 사슴을 잡을 때 뿔만 잡지 말고 뒷다리를 잡아야 사슴을 들어 올릴 수 있다는 말이죠. 군사를 둘로 나누어 변수를 늘리고 상대를 앞뒤로 들이치라는 것입니다. 다시 말해 성을 방어만 할 것이 아니라 적들이 마음 놓고 공성할 수 없도록 휴식을 취하는 적의 뒤를 공격하는 식으로 유격전을 벌이라는 것이죠. 김경손은 귀주성의 남문을 방어하고 있었는데, 이 남문을 열어젖히고 돌격해 나갑니다. 그리고 몽골군의 맨 앞에 있는 검은 깃발을 든 기병을 활로 쏴서 한 번에 즉사시킵니다. 이 광경을 본 열두 명의 결사대도 용기를 얻어서 분전했다고 하고요. 김경손이 활을 쏘아 적의 깃발을 쓰러뜨림으로써 적의 지휘 체계를 교란했기 때문에 결사대가 아무리 소수라도 적들이 쉽게 대응하지 못했던 것입니다.

류근 이순신에게는 열두 척의 배가 있었잖아요. 김경손에게는 열두 명의 결사대가 있었네요.

이광용 그런데 이번 귀주성 전투에서는 몽골군이 정말 다양한 대형 무기들을 선보였습니다. 가장 눈길을 끈 것이 바로 누차와 목상이라는 무기입니다. 몽골군은 이 누차와 목상의 겉을 소가죽으로 싼 다음 그 안에 군사를 감추고 성 아래로 접근해서 굴을 뚫었습니다.

박금수 그렇습니다. 보통은 몽골군이라고 하면 들판에서 벌이는 기병전만 잘하는 걸로 생각하기 쉬운데, 이번 공성전을 보면 꼭 그렇지만은 않은 듯합니다. 충차는 임충(臨衝) 또는 대루(對樓)로도 부르는데, 기록에 보이는 누차도 이러한 종류였던 것 같습니다. 누차 위에는 여러 가지 무기를 든 군사들이 올라타고 성에 접근해 성 안으로 들어가거나 성벽에 올라 공격을 했습니다. 그리고 목상은 분온차와 같은 종류였던 것으로 보입니다. 분온차는 오늘날의 장갑차처럼 생겼는데, 그 안에 군사들을 태우면 적의 웬만한 공격은 다 막아 낼 수 있었죠.

이광용 이런 무기로 공격당하면 막아 내기가 쉽지 않을 것 같거든요. 귀주성의 고려군은 어떻게 대응했습니까?

박금수 몽골군의 누차와 목상이 성벽으로 접근해 해자 같은 장애물을 메꾸고 고려군의 공격을 막아 내면 그 안에 있는 병사들이 땅을 팝니다. 땅굴을 만들어 성 안으로 진입하거나 성벽을 무

충차(위)와 분온차(아래)

너뜨리려고 한 거죠. 근데 박서는 대책을 다 준비해 놨습니다. 쇠를 끓인 쇳물을 붓는 겁니다.† 하지만 적의 머리 위로 바로 붓기는 어렵습니다. 적들도 지원 사격을 하거든요. 그래서 성벽에 구멍을 뚫고 그 구멍으로 쇳물을 부으면 아무리 내열성을 갖춘 소가죽이라도 타 버립니다. 쇳물의 온도가 매우 높으니까요. 더 처참한 사실은 이 쇳물이 몽골 군사들에게 쏟아진다는 거고요.

이광용 몽골군은 화공을 이용한 공격도 많이 했습니다. 기름을 적신

섶에 불을 질러 여기저기 공격을 시도했는데, 박서는 문루마다 물을 저장해서 바로바로 껐어요. 그런데 안 꺼지는 불이 있었습니다.

박금수 몽골군이 수레에 짚을 싣고 기름을 듬뿍 바르는데, 이 기름이 사실은 사람 기름이에요. 전쟁터에서 동물성 기름을 가장 많이 얻을 수 있는 것이 바로 시신들이죠. 시신에서 나오는 동물성 기름으로 듬뿍 적시는 겁니다. 거기에 불을 붙이고 성으로 접근하는 거죠. 주요 목표물은 나무로 만든 성문이 되겠죠. 성문에 바짝 붙여서 성문을 태우는 겁니다. 그런데 이 짚이 기름에 젖어 있기 때문에 물을 어느 정도 부어도 꺼지질 않아요. 혹시 집에서 기름을 두른 프라이팬 위로 물을 떨어뜨려 보셨나요?

류근 그러면 안 됩니다. 기름이 엄청나게 튀잖아요.

박금수 물이 200도가 넘는 기름과 만나면 물이 기화되면서 기름을 더 퍼뜨리죠. 그래서 불붙은 기름 위에 물을 부어도 불이 잘 꺼지지가 않습니다. 오히려 더 세차게 타오릅니다. 그런데 박서는 이런 불에 대해서도 미리 준비해 놨습니다. 물이 아니라 진흙을 준비한 것이죠. 진흙을 불 위에 들이부어 주면 진흙이 점성이 높기 때문에 산소를 차단해 기름에 붙은 불도 끌 수 있습니다.

이광용 박서가 준비를 상당히 많이 했네요. 고려군의 대응이 정말 눈이 부실 정도입니다. 이렇듯 박서는 성곽을 수비하고자 완벽한 지침을 갖추고 실제적인 대응 준비를 빠짐없이 해 놨습니다. 즉 강력한 의지와 치밀한 준비로 위기를 극복해 낼 수 있었던 것이죠. 몽골군이 어떤 작전을 내든 어떤 무기로 공격하든 귀주성의 고려군이 다 막아 내는데, 귀주성의 선전이 고려

전체의 승리로 이어질 수 있을까요?

† 박서가 성에 구멍을 파고 쇳물을 부어서 누차를 불태우자, 땅도 함몰하여 몽골군으로 압사한 자가 30여 인이었다.
—『고려사』「박서 열전」

귀주성 전투의 영웅들

신병주 귀주성의 승리를 이끈 김경손에 관한 기록을 보면 몽골군이 쏜 화살에 팔을 맞아 피가 철철 흐르는데도 끝까지 부대를 지휘했다는 기록이 나옵니다. 그리고 김경손이 아주 중요한 곳에서 군사들을 지휘하는데, 몽골군이 쏜 포탄이 계속 날아오자 부하들이 김경손에게 너무 위험하니까 자리를 다른 곳으로 옮겨야 한다고 권합니다. 근데 김경손은 절대 움직이지 않습니다. "내가 움직이면 부하들이 동요할 것이다. 나는 끝까지 자리를 지키겠다."라면서 끝까지 가장 위험한 장소에서 부대를 지휘하죠. 정말 대단한 장군입니다. 명장이죠.

류근 당대의 영웅이었는데, 우리가 잘 몰랐던 거네요. 진짜 감동적입니다.

최태성 김경손과 열두 명의 결사대가 몽골과 싸우고 돌아오는 장면이 기록에 매우 절절하게 남아 있습니다. 김경손과 열두 명의 결사대가 돌아오니까 박서가 무릎을 꿇고 큰절을 하면서 울어요. 그 엄청난 싸움에서 살아 돌아오니까 정말 고마웠던 거죠. 김경손도 마찬가지로 무릎을 꿇고 같이 엎드려 울고요.† 그 장면을 떠올리면 감동이 몰려옵니다.

이윤석 그 두 사람이 잘 만난 것 같아요. 박서는 전략과 전술에 능한 지장인 듯하고, 김경손은 불굴의 정신으로 소수 정예를 이끄는 용장인 듯합니다. 이 두 사람이 서로를 헤아리는 마음이 있었을 것 같아요. "이 전쟁에서 우리가 이기기는 어렵다. 하지만 우리가 목숨을 걸고 싸우면 전투에서는 이길 수 있다."라는 마음이 통해서 그렇게 눈물이 나온 게 아닐까요?

류근 맞아요. 중과부적이라는 것은 서로 알잖아요. 그런데도 장수로서 본분을 다하는 자들끼리만 교감할 수 있는 그 무언가가 있었을 것 같아요. 그게 무엇인지 정확히는 잘 모르겠어요. 하지만 뭔가 느낌이 오잖아요.

이윤석 이렇게까지 정말 몸과 마음을 바쳐 막아 냈는데, 귀주성이 끝까지 지켜집니까?

신병주 몽골군의 제1차 침입 때는 함락당하지 않죠. 끝까지 버텨 냅니다. 오죽했으면 그 당시에 침략했던 몽골군도 "이 작은 성이 대군에 맞서 끝까지 저항하는 것을 보니, 이것은 사람의 힘이 아니라 하늘이 도운 것이다. 사람의 힘으로는 도저히 이렇게 할 수 없다."라고 판단을 내립니다.

이익주 박서의 귀주성 전투에 관해서는 또 하나 재밌는 일화가 전합니다. 그 당시에 귀주성을 공격하던 일흔이 넘은 몽골 병사가 "내가 어려서부터 천하의 수많은 전투를 보아 왔는데, 이렇게 공격을 받고도 끝내 항복하지 않는 것은 처음 보았다."라고 말합니다. 나이 일흔 살의 몽골 병사라면 정말 백전노장이죠. 아마 중앙아시아까지 갔다 왔을 수도 있는 사람인데, 이런 사람이 귀주성 전투에 관해서는 이런 싸움은 평생 처음 보았다면서 "저 성안에 있는 사람들은 반드시 장수나 재상이 될 것이다."라고도 얘기했다고 합니다. 실제로 박서는 몽골군과 벌이는 전쟁이 계속되면서 문하평장사라는 고위 관직까지 오릅니다. 몽골 병사의 예언이 적중한 것이죠.

신병주 우리가 몽골에 바로 항복한 것이 아니라 이렇게 강력히 저항했

페르가나 계곡 칭기즈 칸이 재위하던 당시에 몽골군은 이미 중앙아시아 동부의 페르가나 계곡까지 진출했다.

다는 것, 그리고 이런 저항의 역사가 있다는 것은 우리에게 상당한 자부심을 안겨 주고 자존심을 확실하게 지켜 주죠. 그런 면에서는 박서와 김경손 같은 인물들의 역할이 정말 큰 것 같아요.

이익주 그런데 문제는 이 전투에서 거둔 몇 번의 승리가 전쟁의 승리를 가져오지 못했다는 점입니다. 결정적으로 안북부에서 고려의 삼군이 패배하고 개경이 포위당한 것이 고려로서는 아주 치명적인 약점이 됩니다.

이윤석 고려의 신세가 바람 앞의 등불이네요. 그래도 일단 박서와 김경손 두 사람을 알게 됐기 때문에 귀주성 전투가 충분히 의미가 있다고 생각합니다.

이익주 귀주성 전투로부터 5년 뒤에 이연년 형제의 난이 일어납니다. 그

난을 진압하러 김경손이 내려가는데, 이연년이 "김경손은 귀주의 명장이니 내 부하로 쓰겠다. 싸우다가 다치면 안 되니까 활을 쓰지 마라."라고 부하들에게 당부합니다. 그래서 반란군이 전부 칼 같은 단병(短兵)만 가지고 싸우다가 결국 이연년은 잡혀 죽임을 당하죠. 아무튼 이 일화에서 김경손의 이름이 그 당시에 이미 고려에 널리 퍼졌음을 알 수 있습니다.

† 몽골군이 퇴각하자 김경손이 진을 정비하고 쌍소금(雙小笒)을 불며 돌아오니 박서가 맞이하여 절하며 울었고 김경손도 또한 절하며 울었다. 박서는 이에 수성하는 일은 일체 김경손에게 위임하였다. (……) 김경손은 호상(胡床)에 앉아 독전하였는데 포탄이 김경손의 머리 위를 지나 뒤에 있던 아졸(衙卒)에 적중하여 (그의) 몸과 머리가 산산조각이 났다. 좌우에서 호상을 옮길 것을 청하니 김경손은 말하기를, "불가하다! 내가 움직이면 군사들의 마음이 모두 흔들린다."라고 하며 신색(神色)을 태연자약하게 하자 끝내 옮기지 못하였다.
—『고려사』「김경손 열전」

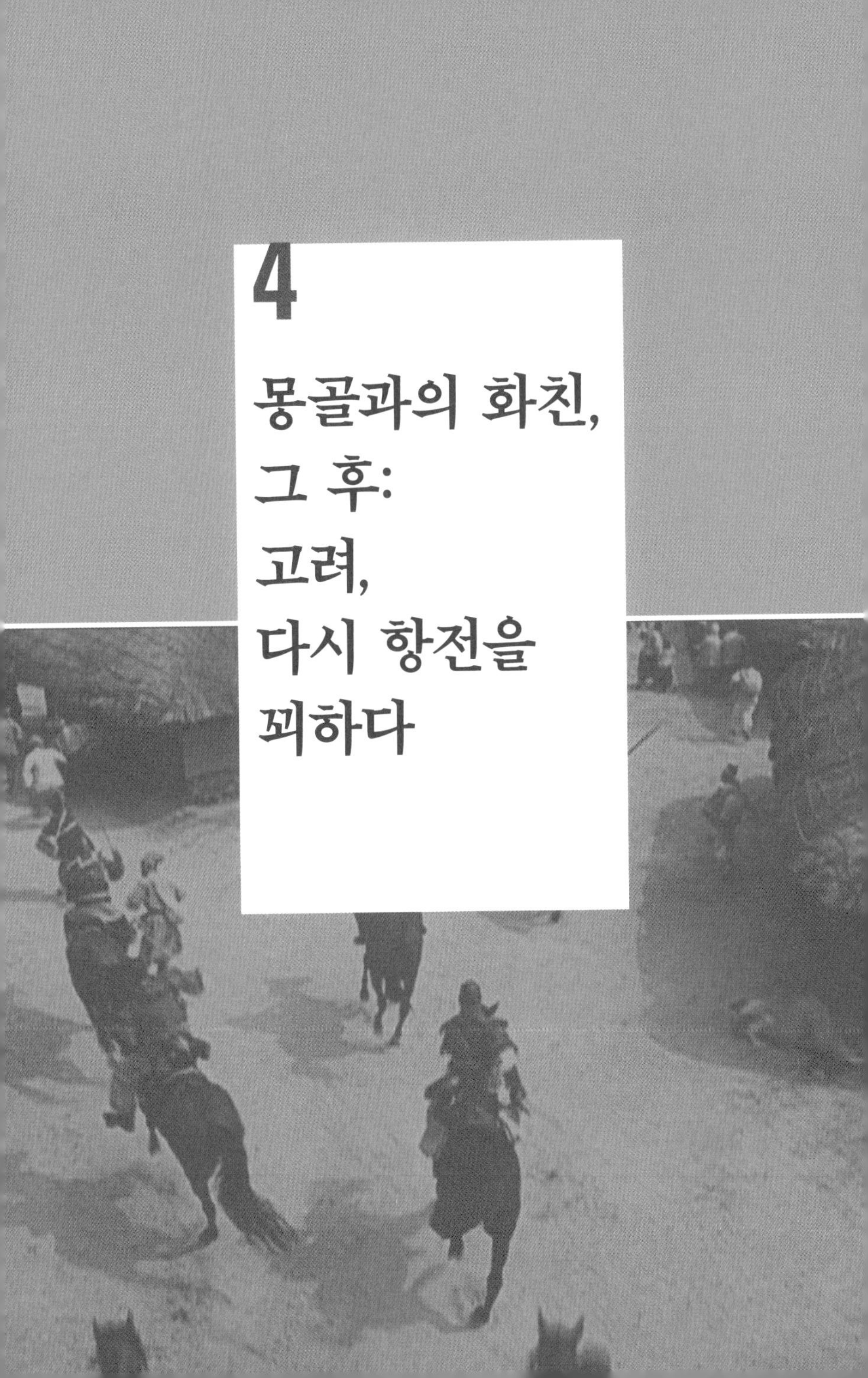

4

몽골과의 화친, 그 후: 고려, 다시 항전을 꾀하다

1231년에 일어난 몽골의 제1차 침입 때 고려는 치열한 항전을 벌였다. 그 결과 귀주와 자주, 충주 등지에서 승리를 거두었다. 최씨 정권을 중심으로 초적과 노비에 이르기까지 전 계층이 참여한 총력전이었다. 하지만 당시 몽골군은 두 갈래로 나뉘어 남하했다. 최고 지휘관 살리타이가 이끄는 본진은 서해안의 평야 지대를 따라서 남하했고, 다른 한 갈래는 내륙 노선으로 남하했다. 이 가운데 귀주와 자주에는 내륙으로 남하하던 별동 부대가 도달했고, 살리타이의 본진은 안북부에서 고려의 삼군을 격파하고 파죽지세로 내려와 개전 4개월 만에 수도 개경을 포위했다. 유감스럽게도 귀주와 자주에서 거둔 승리가 몽골군이 남하하는 속도를 늦추지 못했던 것이다.(충주에서 거둔 승리도 몽골군 본진이 아니라 한 걸음 앞서 내려간 선발 부대를 상대로 한 것이었다.)

개경이 포위된 상태에서 고려는 협상을 서둘렀다. 당시 몽골군은 고려에 막대한 공물과 인질을 요구했다. 공물은 금과 은, 진주 외에도 수달피 2만 장, 말 2만 필, 100만 군인의 의복 등 엄청난 양이었고, 인질은 왕족과 관인의 아들과 딸 각 1000명으로 역시 비현실적인 수였다. 고려는 비록 불리한 상황이었지만, 적극적으로 협상을 벌여 수달피는 1000장으로, 인질은 남녀 각 500명으로 줄이는 데 성공했다. 그 결과 1232년 1월에 화친이 성사되어 몽골군이 철수함으로서 몽골의 제1차 침입은 6개월 만에 끝났다.

몽골군이 돌아가자 고려는 곧 재협상에 돌입했다. 1232년 4월에 말 170필과 수달피 977장을 보내고 더는 구할 수 없다고 주장하는가 하면 인질은 보낼 수 없다고 버텼다. 몽골이 볼 때는 약속 위반이었다. 몽골도 고려에서 철수하면서 일방적으로 다루가치를 배치하고, 군대를 파견하라고 고려에 강요한 바 있었다. 이 역시 약속에 없던 것이지만, 고려는 그 요구를 수용하고 그 대신에 공물과 인질의 피해를 줄이기 위한 재협상에 나섰던 것이다. 그리고 몽골이 요구를 받아들이지 않는다는, 고려로서는 최악의 경우에 대비해 재항전의 방도를 찾는 일을 같이 시작했다. 수도를 강화도로 옮기는 일이었다.

전쟁이 다시 시작되기 전에 고려에서는 최충헌이 죽고 최우가 권력을 세습했다. 부자간의 권력 세습은 우리 역사에서 매우 드문 일로, 마치 일본의 막부와 같은 것이 출현한 셈이었다. 최우는 처음에는 권력이 취약했지만, 30년간 집권하면서 정치적 기반을 확충해 최씨 정권의 전성기를 이끌었다. 무엇보다도 최우는 무신 정변으로 쫓겨났던 문신들을 적극적으로 등용했다. 흔히 최우가 정방을 설치해 관리의 인사권을 독점했다고 비난하지만, 정방은 유능한 문신을 등용하는 통로가 되기도 했다. 『동명왕편』을 지은 이규보가 대표적이었다. 이 무렵부터 고려 사회는 무신 정변의 충격에서 벗어나 사회 질서를 회복하고 새로운 문화를 발전시키기 시작했다.

하지만 몽골의 침략은 최우에게 중대한 위기였다. 몽골에 굴복하면 정권이 무너질 가능성이 컸기 때문이다. 몽골과의 전쟁 후 재협상이 순조롭게 진행되지 않자 최우는 재항전을 결심하고 강화도로 천도하자고 주장했다. 섬으로 들어가지 않으면 몽골 기병을 막을 수 없다는 판단에서였다. 몽골에 사대함으로써 전쟁을 피해야 한다는 강화론과 개경에서 끝까지 싸워야 한다는 항전론이 비등했지만, 최우는 자기주장을 고집했다. 그 결과 1232년 7월에 강화도로 천도했고, 그로부터 39년간 강화도 시대가 열렸다.

강화도는 한강과 임진강, 예성강이 서해로 나오는 지점에 있어 물살이 셀 뿐 아니라 내륙과의 교통이 편했다. 이러한 이점 때문에 천혜의 요새로 인식되었고, 특히 기병을 앞세운 유목 민족과의 전쟁에서는 정묘호란과 병자호란에 이르기까지 피난처로 주목되었다. 이곳에서 최씨 정권은 전국 각지의 전투를 지휘하면서 30년 가까이 몽골과 장기전을 펼쳤다.

위기에 처한 고려가 선택한 길은?

이광용 1231년 8월, 대대적인 침략 전쟁을 벌이던 몽골은 제구예 피살 사건을 명분으로 고려를 공격해 옵니다. 몽골군이 휩쓸고 지나간 자리는 도륙당한 시체가 즐비할 정도로 고려 땅 곳곳은 그야말로 처참했습니다. 급기야 수도인 개경까지 함락될 위기에 처하자, 고려는 몽골과 화친을 맺을 수밖에 없었습니다. 몽골 사신의 말을 들어 보시죠.

사신 우리에게 항복하지 않고 대항하다가 잡힌 자들은 눈이 있어도 보지 못하고, 손이 있어도 없는 것과 같으며, 다리가 있어도 다리를 저는 사람과 같다. 들어라, 우리가 너희에게 왔다. 너희 백성 가운데 투항한 사람은 옛날처럼 살 것이고, 투항하지 않는 사람들은 죽을 것이다.

이광용 고려와 몽골의 화친은 사실상 몽골의 항복 요구를 고려가 받아들인 것이었습니다. 과연 고려는 이대로 무너지고 마는 걸까요? 그런데 고려는 그렇게 호락호락한 나라가 아니었습니다. 고려가 지닌 비장의 카드는 무엇일까요?

몽골의 제1차 침입: 유린당한 고려

최원정 고려가 결국 몽골의 제1차 침입에서 패배했습니다.

신병주 이규보[1]가 쓴 『동국이상국집』[2]을 보면 몽골군이 경기 지역까지 쳐들어와서 사방을 유린하는 그 당시의 상황을 "마치 범이 고기를 고르듯 하였다. 그래서 겁박을 당해 죽은 자가 사방에 낭자했다."라고 기록했습니다. 그 표현이 아주 비참하고 끔찍하죠.

이익주 그 당시에 고려군은 귀주성과 자주성, 충주성 등 여러 산성에서 몽골군의 공격을 막아 내는 데 성공합니다만, 전체적으로 몽골

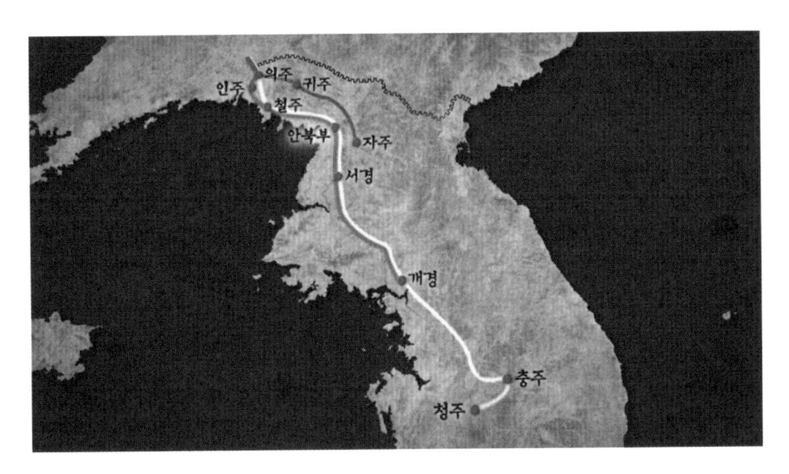

충주와 청주까지 이른 몽골군

군의 남하를 모두 막지는 못합니다. 몽골군은 선발대가 의주에서 아주 빠르게 남하해 충청도의 충주와 청주까지 내려갑니다. 그리고 그 뒤를 이어 살리타이가 지휘하는 본진이 서해안을 따라 안북부에서 고려의 삼군을 격파하고 수도인 개경을 포위합니다. 한편 또 하나의 부대가 의주를 넘어와 내륙 쪽에서 귀주성과 자주성 쪽으로 내려오는데, 8월에 전쟁이 시작되어 4개월 만인 12월에 개경이 포위되는 아주 큰 위기 상황이 됩니다.

이해영 수도가 포위될 정도면 나라의 존망이 걸린 긴박한 상황이었네요.

최태성 이런 상황에서 몽골이 서신을 보내 항복하라고 고려를 압박하거든요. 어떻게 하시겠어요?

이해영 항복해도 나라를 뺏기고, 항전해도 결국 나라를 뺏길 것 같고, 너무 선택하기 어려운데요.

최원정 솔직히 저 상황에서 항전한다고 나라를 지킬 수가 있을까요?

고려, 몽골과 화친을 맺다

최태성 그렇죠. 앞서 보았듯이 고려 조정은 결국 몽골과 화친하는 길을 선택합니다. 그래서 사신을 보내 몽골이 원하는 금과 은, 비단 같은 공물을 다 보내고 상국으로 섬기겠다고 약속하며 달래죠. 몽골도 고려의 화친 요청을 받아들여 결국 돌아가는데, 일흔두 명의 다루가치를 남겨 두고 1232년 1월에 철수합니다.

이해영 근데 다루가치가 도대체 뭐죠?

이익주 다루가치는 몽골의 관직 이름입니다. 몽골인들은 언제나 정복지의 주민들보다 인구가 적었으므로, 넓은 정복지를 직접 통치하지는 않습니다. 기존의 통치 질서를 놔둔 채 정복지에 소수의 관리를 파견해 감시하고 감독하는 역할을 하게 합니다.

신병주 몽골이 고려에 다루가치 배치를 비롯해 상당히 무리한 요구를 많이 해요. 특히 6사(六事)라고 해서 여섯 가지 복속 조건을 제시합니다. 시기에 따라 조금씩 차이는 있지만, 주요한 내용이 "첫째, 인질을 보내라."이고 그다음이 "둘째, 고려의 민호를 조사해 호적을 보고하라."입니다. 문제는 남의 나라 호적을 왜 자기들이 파악하냐는 거죠.

최태성 사람을 끌고 가겠다는 속셈이겠죠.

신병주 그 밖에 "필요한 경우 군대를 내서 몽골군에 배속되어 우리를 도와라."라는 내용이 있고, "군량미를 운송하라."라는 내용도 있습니다. 그리고 아주 중요한 내용으로 "몽골과 고려를 왕래할 수 있도록 역참을 설치하라."라고 요구합니다. 교통로를 확보하겠다는 뜻이죠. 마지막으로 인질을 보내라고 요구합니다. 또한 때에 따라 고려 왕의 친조를 요구하기도 했으니, 몽골이 자기들 마음대로 고려를 지배하겠다는 내용들이라고 할 수 있죠.

최원정 일제 강점기에 있었던 조선총독부가 떠올라요.

이익주 이런 조건들이 그 당시에 몽골이 넓은 지역을 정복하면서 정복지에 공통적으로 요구했던 사항들이고, 바로 몽골이 생각한 속

조선총독부 건물 1995년에 촬영되었다.

국 관계입니다. 살리타이가 고려에 항복을 요구하면서 여러 가지 조건을 내거는데, 아주 어마어마합니다. 먼저 말 2만 필을 요구하고, 병사 100만 명이 입을 의복도 요구합니다.

최태성 고려가 무슨 옷 만드는 공장도 아니고…… 정말 무리한 요구를 하네요.

이익주 그리고 더 있습니다. 수달피 2만 장을 요구하죠.

최원정 그러면 수달을 2만 마리나 잡아야 하나요?

이익주 그다음 조건이 더 어마어마한데, 왕족과 관인의 자녀로 남자아이 1000명, 여자아이 1000명을 인질로 보내라고 요구해 옵니다.

최원정 아이들은 왜 잡아가는 거예요? 데려다가 무엇을 할 생각이죠?

이익주 고려가 절대로 배신할 수 없게 하는, 가장 튼튼한 보호막이자 안전장치가 아이들을 인질로 잡아가는 겁니다.

이해영 아이 2000명에 말과 수달피까지…… 수달 2만 마리는 어디서 잡죠? 이건 진짜 말이 안 돼요. 잡기도 어려울 것 같아요. 답이 안 나오네요. 근데 안 주면 안 되는 거잖아요. 이거 어떻게 해야 해요?

	몽골이 요구한 양	고려가 공물로 보낸 양
말	2만 필	170필
군인 의복	100만 벌	1000벌
수달 가죽	2만 장	977장
인질	남아 1000명과 여아 1000명	0명

고려와 몽골의 협상 결과

협상의 달인 고려

이익주 다 주지 않으면 됩니다. 몽골이 요구하는 대로 다 주면 고려가 아니죠. 그 위급한 상황에서도 고려는 몽골과 협상을 벌입니다. 그래서 수달피는 2만 장을 1000장으로 줄였고, 왕족과 관인의 자녀는 각각 500명씩 보낸다는 조건으로 일단 화친을 맺습니다. 그렇게 해 놓고는 말은 170필을 보내고, 수달피는 전국을 다 뒤져 찾았다면서 977장을 보냅니다. 또한 왕이나 관인이나 전부 일부일처제를 따르기 때문에 아이들이 그렇게 많지 않아 요구대로 아이들을 보내면 대가 끊긴다면서 인질은 보내지 않는 것으로 마무리하죠.†

류근 고려는 역시 '밀당'을 할 줄 아는 나라예요. 밀고 당기는 게 예술입니다. 몽골이 말 2만 필을 요구했는데 170필을 보내고, 수달피 2만 장을 요구했는데 977장을 보냈어요. 그리고 인질은 아예 보내지도 않는다는 거잖아요? 사실상 패전국인데, 어떻게 이렇게 당당할 수 있었을까요? 고려는 '협상의 기술'이라는 제목으로 책을 내야 해요.

이해영 그러게요. 진짜 대단한 기술이네요. 엄청나게 줄였잖아요. 그런데 고려가 이렇게 겉으로는 화친을 하면서도 속으로는 다른 계획들이 있었을 것 같아요. 다시 항전을 꾀하지 않았을까요?

† 사방을 샅샅이 뒤져 달마다 모으고 날마다 쌓았으나 오히려 수를 채우지 못하고 겨우 977장을 바치니 널리 살펴주시기를 바랍니다. (……) 우리나라의 법에는 비록 높은 임금이라 하더라도 오직 한 명의 정실[嫡室]만을 아내로 삼고 다시 잉첩(媵妾)을 두지 않기 때문에 왕족의 자손이 대부분 번성하지 못하였습니다. 또 나라가 좁고 작기[褊小] 때문에 신료 가운데 조정의 반열에 있는 자 또한 많지 않고, 그들이 취한 아내도 한 명의 처에 불과하니 소생이 없거나 있더라도 많지 않습니다. 만약 모두 상국으로 보내게 된다면 누가 왕위를 이어받고 조정의 유사(有司)의 직임을 이어받아 대국을 받들 수 있겠습니까?
—『고려사』「세가」 고종 19년(1235) 4월 12일

고려의 히든카드, 천도

최태성 화친을 맺고 진상품을 보내는 과정에서 그 당시 최고 권력자인 최우가 중심이 되어서 아주 은밀하고 깊은 이야기들이 거론되었습니다.

류근 아, 이제 고려가 비장의 카드를 꺼내는 건가요?

최태성 '플랜 B'가 나온 거죠. 몽골이 철수하고 나서 한 달 뒤인 1232년 2월 20일 무렵에 고위 관료들이 모여 회의를 여는데, 그 내용이 수도를 옮기자는 거였어요.

이해영 수도를 옮기자고요? 아니, 가뜩이나 전쟁하느라고 피로도 쌓여 있는 데다 화친하느라 무리한 조건들을 받아들였잖아요? 이런 어려운 와중에 수도까지 옮기는 건 너무 무리가 아닌가요? 왜 그런 거지요?

이익주 수도를 옮기자는 것은 곧 전날 맺은 화친을 깨자는 겁니다. 다시 싸우자는 이야기죠. 몽골이 다루가치를 두어 고려를 사실상 지배하려고 하지 않았습니까? 그래서 고려는 다루가치의 영향력이 미치지 않는 곳으로 수도를 옮기려고 합니다. 일흔두 명의 다루가치를 공격하기까지 하고요. 즉 고려는 전쟁을 불사하겠다고 생각하고, 그것을 위해 천도를 논의했던 겁니다.

류근 앞에서는 화친을 맺고, 뒤에서는 공격을 하려 했군요.

최원정 그러면 수도는 어디로 옮기겠다는 거예요?

최태성 후보지로 대두한 곳은 딱 하나, 바로 강화도였습니다. 역사에서 많이 나오는 곳이잖아요.

이해영 유배지로 자주 나오죠. 고려 고종의 아버지인 강종도 태자 시절에 최충헌이 강화도로 유배를 보낸 적이 있잖아요. 유배지로 유명한 곳으로 천도한다는 건 어떤 의미가 있나요?

류근 근데 우리나라 역사상 섬이 수도가 됐던 적이 있나요? 지금이야 뭐 강화도는 다리만 건너면 되지만, 그 당시 강화도는 바다를 건너야 갈 수 있는 섬이잖아요. 왜 하필 강화도를 떠올렸을까요?

이익주 섬이 수도가 된 것은 우리나라 역사상 처음 있는 일이죠. 실은 고려가 몽골의 침략을 당해 살리타이와 화친 협상을 하는 시점에 이미 강화도가 천도 후보지로 적합하다는 보고가 최우에게 올라옵니다. 그래서 최우가 그곳을 살펴보게 하죠. 강화도가 항전 수도로서 갖는 지리적인 이점을 살펴본 겁니다.

최원정 그 지리적 이점은 어떤 것이었을까요? 지금 강화도로 가 보겠습니다.

걸어서 강화 속으로

이광용 안녕하세요. 바로 이곳이 손돌목이죠?

최영필 예, 맞습니다. 한 50년 전에는 여기서 내려가는 물 소리가 8킬로미터 밖까지 들릴 만큼 물살이 셌어요.

이광용 정말로요? 물살이 셀 때는 눈으로 보기에 어느 정도였나요?

최영필 어유, 물살이 만드는 구멍에 사람이 휘말려 갈 정도로 셌어요.

이광용 이곳 손돌목에 여러 가지 이야기가 전해져 내려오던데요?

손돌목을 휘감는 물살

이하준 고려의 고종이 몽골군을 피해 강화도로 천도할 때 뱃사공 손돌이가 모는 배를 타고 바다를 건넜습니다. 그런데 강화도로 가는 도중에 바로 이곳에서 갑자기 물살과 바람이 세지고 소용돌이가 치면서 앞이 안 보일 지경이 됩니다. 이에 고종은 손돌이가 자기를 위험한 곳으로 끌어들였다고 여기고 "저 사공은 필시 몽골과 뭔가 관계가 있는 것이 아닌가? 저놈의 목을 쳐라!"라고 지시합니다. 그러자 손돌이가 "소인 하나 죽는 것은 괜찮습니다. 그러나 임금님께서는 무사히 건너가셔야 합니다. 소인이 바가지를 하나 띄워 드릴 테니 그 바가지를 따라가시면 무사히 건너가실 수가 있습니다."라고 말합니다. 그래서 손돌이의 목을 치고 난 후 바가지를 따라갔더니 정말로 무사히 건널 수 있었죠. 이렇게 오해가 풀리자 억울하게 죽은 손돌이를 기려 이 일대를 손돌목으로 부르게 되었다는 전설이 있습니다.

이광용 감사합니다. 고려는 1232년에 강화도로 천도해서 1270년까지 39년간 머물다가 개경으로 돌아갑니다. 그리고 그 39년간 고

강화도에 남아 있는 고려 궁궐 터와 성벽

려는 강화도를 개경과 똑같이 만들려고 했습니다. 본래는 북산이라 불렀던 산의 이름도 송악산으로 바꿀 정도였죠. 고려의 항전 의지를 엿볼 수 있는 부분입니다. 몽골과 화친을 맺은 후 수도를 강화도로 옮기고자 했던 고려. 강화도를 도읍지로 정한 고려의 선택은 몽골로부터 고려를 지켜 낸 신의 한 수였을까요? 아니면 나라를 더 큰 위기로 몰아넣은 악수가 되었을까요?

손돌목의 위치

손돌목 전설의 진실은?

류근 강화도로 가는 뱃길의 물살이 정말 셌나 보네요.

이해영 손돌목의 이름에 얽힌 전설, 정말 재미있습니다. 그런데 왕의 손에 죽임을 당하면서도 왕에게 물길을 알려 줬다는 이 이야기를 어느 정도까지 믿어야 할까요? 신빙성이 있는 이야기인가요?

이익주 꽤나 흥미로운 이야기이지만, 역사적으로는 사실이 아닌 것으로 생각됩니다. 그 당시에 고종이 강화도로 가는 길을 따라가 보면 7월 6일에 개경을 출발해 그날 승천부에서 하룻밤을 머뭅니다. 승천부는 강화도에서 바다 건너 바로 위쪽에 있습니다. 그리고 바로 그다음 날 바다를 건너 강화도로 들어갑니다. 그런데 손돌목은 김포와 강화도 사이에 있죠. 왕이 아주 다급한 상황에서 피난을 가는데, 승천부를 경유하는 빠른 길을 놔두고 남쪽으로 더 내려가 김포 쪽으로 우회했을 리는 없습니다. 다시 말해 사료 쪽이 옳고, 손돌목 전설은 역사적 사실과 부합하지 않습니다.

신병주 그래서 나온 이야기가 또 있습니다. 손돌목 전설이 사실은 고려 때의 이야기가 아니라, 조선 인조 때의 이야기라는 거죠. 정묘호란이 일어났을 때 왕실 사람들이 강화도로 피난을 갔거든요. 일단 손돌목 전설에서 분명한 사실 하나는, 그러니까 핵심은 손돌목 일대의 물살이 아주 세다는 겁니다.

최태성 물살이 빠르기 때문에 손돌목 전설이 나온 거죠.

최원정 그렇죠. 육안으로 볼 때는 뱃길이 만만해 보일 수 있지만, 소용돌이치기 시작하면 절대 호락호락하지 않은 길이라는 것을 얘기해 주는 거네요.

강화도의 전략적 가치

최태성 바로 그러한 점을 강화도의 전략적 가치로 볼 수 있죠. 강화도의 지리적 이점과 가치 중에서는 뭐니 뭐니 해도 사방이 바다로 둘러 싸여 있다는 것이 가장 큰 장점입니다.

류근 물론 강화도가 바다로 둘러 싸여 있긴 합니다. 하지만 육지와 너무 가까워요. 눈으로 보면 '수영해서 건널 수 있지 않을까?' 하는 자신감까지 생길 만큼 가깝단 말이죠. 그만큼 거리가 짧다는 뜻인데, 적을 방어하는 데 치명적인 단점이 아닌가요?

이해영 사실 그렇죠. 강화도는 육지에서 바로 보이잖아요. 위치를 잘못 선정한 거 아닌가요?

이익주 그 짧은 폭의 바다를 건너는 일이 절대 쉽지가 않았습니다. 일단 바다에는 조수 간만의 차가 있죠. 특히 서해안은 간만의 차이가 최대 9미터에 달할 정도로 크기로 소문나 있고요. 또한 강화도는 해안선이 복잡한 데다 섬 주변의 물살이 상당히 빠르고 강합니다. 그래서 쉽게 건너기가 어려운데, 앞에는 그저 빈 바다만 있

강화도의 입지 조건

는 게 아닙니다. 고려 수군의 배 수백 척이 바다를 에워싸고 지키죠. 이런 바다를 아무리 거리가 짧다고 해도 쉽게 건넌다는 것은 상상하기 어려운 일입니다. 게다가 강이 아니라 바다이기 때문에 엄동설한에 얼지 않는다는 점도 섬이 지닌 중요한 이점이 됩니다. 그래서 그 당시에 이규보가 강화도를 "천만의 오랑캐 기병 새처럼 난다 해도/ 지척의 푸른 물결 건너지 못하리."라고 표현합니다. 천연의 요새라는 거죠.

최태성 또 한 가지 이점을 들면, 강화도라는 곳이 예성강과 임진강, 한강 등 여러 강이 바다로 빠져나가는 길목에 있어요. 이 길목은 조세와 공물이 개경으로 들어가는 교통의 요지이기도 합니다. 즉 강화도에서 강을 통해 육지로 들어갈 수 있고, 조세와 공물을 확보할 수 있다는 얘기죠. 그런 이점이 있는 데다, 뭐니 뭐니 해도 강화도가 우리나라에서는 다섯 손가락 안에 드는 큰 섬이에요. 크다 보니까 섬 안에서 자체적으로 식량을 계속 조달할 수도 있습니다. 그래서 몽골의 침입을 막으며 버틸 수 있었던 거예요.

최원정 장기전에 대비해 식량을 자급자족할 수 있다는 것, 중요한 점이네요.

최태성 피난처로는 강화도가 최적이라고 볼 수 있는 거죠.

강화 천도: 찬성 대 반대

류근 그런데 천도라는 건 주로 왕조가 바뀔 때나 있었던 일 아닙니까? 묘청이 서경으로 천도하려다 죽임까지 당하잖아요. 그만큼 천도는 어려운 일인데, 당시의 반응은 어땠을까요?

이익주 부정적인 의견이 훨씬 많습니다. 천도라는 것이 결코 쉬운 일이 아니기 때문이죠. 그 당시에 권력을 잡고 있던 최우도 반대 여론을 억누르지 못합니다. 그래서 1232년 2월에 논의를 시작했지만, 5월에 4품 이상의 관리들을 모아 다시 회의를 하고, 그래도 결정이 나지 않아 6월에 또 재추들을 모아 회의하는 등 회의를 여러 번 하면서 계속 설득해 나가는 과정을 거칩니다.

최태성 고려 고종의 태자 시절 스승인 유승단[3]이라는 사람이 다음과 같이 주장합니다. "작은 나라가 큰 나라를 섬기는 것은 이치에 맞는 일입니다. 예로써 섬기고 믿음으로써 사귄다면 저들이 무슨 명분으로 우리를 괴롭히겠습니까? 성곽과 종묘사직을 버리고 섬에 숨어 구차하게 세월을 보내며 변방의 백성들 중 젊은이들은 모두 칼날에 맞아 죽게 하고 노약자는 끌려가 노예가 되게 하는 것은 국가의 장구한 계책이 아닙니다." 즉 개경에서 화친을 맺자고 주장하는 것이죠.

신병주 천도 반대파가 많을 수밖에 없습니다. 개경은 이미 300년 넘게 계속 고려의 수도였어요. 그 당시의 『고려사』 기록을 보면 개경의 호수가 10만 호로 나오는데, 한 호를 다섯 명 정도로 구성된 가족으로 생각하면 대략 50만 명이 사는, 상당히 큰 도시입니다. 이런 많은 인구가 사는 도시를 두고 강화도로 간다는 것은 쉽지 않은 일이고요.

류근 항몽이든 화친이든 개경에서도 충분히 할 수 있는 일이잖아요. 무슨 이유인지는 모르겠지만, 어쩐지 고려의 최우 정권이 도망가려는 모양새 같다는 생각이 들기도 합니다.

이해영 개경에서는 몽골의 핍박과 압박이 너무 심하니까 항몽을 도모할 준비를 할 수 있는 여지가 없다고 판단한 것 같아요. 그래서 아무리 모양새가 빠지더라도 일단 몸을 피해 숨어 있을 만한 곳을 찾아가자는 전략으로 볼 수 있을 것 같아요.

류근 수도를 옮겨 강화도로 가면 몽골이 과연 가만히 있을까요? 당연히 다시 침략해 올 텐데, '강화로 가는 게 능사일까?'라는 생각이 듭니다. 천도 반대론을 편 유승단이라는 신하의 주장에 일리가 있어요. 뚜렷한 방책도 없이 천도하기보다는 백성을 보호하기 위해서라도 적을 자극하지 않는 것이 중요합니다. 저는 백성을 우선으로 생각한 유승단의 의견에 한 표를 던지고 싶네요.

이해영 그런데 다르게 보면 어쨌건 유승단은 몽골의 속국이 되자고 주장한 거잖아요.

최원정 그러네요. 800년 전에도 의견 대립은 이렇게 팽팽했겠죠? 누구의 편도 들 수 없는 상황인데, 그 대립을 종결지을 만한 사건이 벌어집니다.

최우, 김세충을 제거하다

1232년 6월,
최우의 집에 고위 관료들이 모여
강화 천도에 관해 의논한다.

찬성파와 반대파가 팽팽히 맞선 그때,
야별초 지유 김세충이 문을 밀치고
회의 장소로 들어와 발언한다.

"개경은 300년 넘게 지킨 수도입니다.
이곳을 버리면 장차 어느 곳을
도읍으로 정하겠습니까?"

이에 최우는 개경을 지킬 방법을 묻지만,
김세충은 아무런 대답도 하지 못한다.

태집성은 김세충의 목을 벨 것을 요청하고,
결국 김세충은 비참한 최후를 맞는다.

천도를 반대한 김세충은 어떤 인물?

최원정 천도 반대를 외치는 김세충을 최우가 바로 제거해 버리네요. 김세충이라는 이름은 처음 듣는데, 어떤 사람이었어요?

이익주 김세충에 관한 기록은 이것이 유일합니다. 김세충의 관직이 야별초 지유로 되어 있는데, 야별초군의 하급 지휘관에 해당합니다. 야별초는 최우가 도적을 막기 위해 만든 특수부대이니까 김세충은 최우의 심복이라고 할 수 있죠. 재추들이 최우의 집에 모여 회의할 때 김세충이 야별초의 하급 지휘관으로서 바깥에서 호위했던 것으로 보입니다.

류근 그런데 왜 별안간 나타나서 천도에 반대했을까요? 좀 이상하다는 생각이 드네요.

이해영 그러게요. 재추 이상만 참가할 수 있는 회의인데, 최우의 심복이라고는 하지만 야별초 하급 지휘관이 갑자기 뛰어들어 발언하는 건 이상하잖아요.

강화 천도를 위한 최우의 자작극?

최태성 그렇죠. 그래서 김세충이 최우의 천도 주장에 반기를 든 것은 최우가 미리 계획한 연극일 수도 있다는 말이 나옵니다. 자작극이라는 거죠. 당시에는 강화 천도를 반대하는 사람이 대부분이다 보니 최우도 여론을 역전시킬 수 있는 상황은 아니었는데, 개경에서 싸우자고 주장하는 김세충 같은 항전론자를 처벌함으로써 천도 반대론자들을 압박하려 했다는 겁니다. 몽골에 사대하자고 주장한 유승단 같은 사람들은 두려움을 느꼈을 테니까요.

최원정 최우의 자작극이라는 주장은 어디까지나 추측인거죠?

신병주 그런 추측을 할 만한 상황이기는 하죠. 비중 없는 인물이 뜬금없이 등장했다가 죽어 버리잖아요.

류근 김세충이 자기가 죽을지 뻔히 알면서도 연극을 한 걸까요?

신병주 좌우지간 확실한 것은 김세충을 죽인 후로 최우와 천도에 반대하는 세력이 싹 사라졌다는 거죠. 분위기가 너무 강경하니까 이야기를 잘못 꺼냈다가는 죽을 수도 있다는 분위기를 형성하는데 김세충의 죽음이 분명히 일조했습니다.

최원정 최우에게서 국론과 상관없이 강화 천도를 무조건 강행하겠다는 굳은 의지가 엿보이네요.

이익주 김세충을 죽인 다음에 바로 강화 천도가 결정됩니다. 그런데 마침 이때가 음력 7월 초로 장마철이었습니다. 열흘 동안 장마가 계속되면서 길이 아주 질어져 이동하는 사람과 말들이 진흙탕에 빠지면서 인마가 죽는 사례가 많았다고 합니다. 고관이나 양가의 부녀들조차도 맨발로 짐을 지고 길을 나섰다니까 얼마나 다급한 상황이었는지를 상상할 수 있겠습니다. 그리고 환과고독[4] 같이 의지할 곳이 없는 사람들은 어찌할 바를 몰라서 울부짖는데, 그 수가 이루 헤아릴 수가 없었다는 기록이 있습니다.

강화 천도, 작전? 도피?

최원정 피난길에 나타나는 전형적인 아비규환의 모습을 보여 주네요. 최우가 김세충을 죽이면서까지 집착을 보이며 이렇게 강화 천도를 감행했던 이유는 뭘까요?

류근 그런데 어쩐지 최우의 강화 천도가 곱게 보이지 않거든요? 모두가 반대하는데 최우와 그 측근들만 찬성하는 천도 아닙니까? 천도해야만 하는 어떤 개인적인 이유가 있지 않을까 하고 짐작하게 돼요. 어쨌든 최우가 최고 권력자잖아요. 그런데 몽골과 화친하면 최우의 입지가 흔들리는 것이 아니냐는 거죠. 몽골이라는 더 큰 힘이 유입되면 아무래도 자기의 정치 기반이 무너질 수도 있다는 것을 최우가 의식하지 않았을까 생각해 봅니다.

이해영 그런데 최우가 자기 정권을 유지하기 위해 천도했다고만 보기는 어려운 게, 최씨 무신 정권이 거의 30년 가까이 고려라는 국호를 유지하면서 항몽을 계속 펼쳤잖아요? 결과적으로는 강화 천도가 제대로 된 전략이었다라고 볼 수 있는 여지가 있지 않나요?

신병주 그래서 지금까지도 학계에서 논란이 많아요. 강화 천도가 전략적 천도인지 도피성 천도인지 판단하기가 어렵거든요. 전략으로 보는 쪽은 강화 천도가 항전의 의지를 강하게 드러낸 것으로 강조하고 해석합니다. 강화도라는 천연의 요새에서 오랫동안 버팀으로써 몽골의 화를 피할 수 있었다고 보는 거죠. 반면에 도피로 보는 쪽은 어차피 몽골에 저항할 수 없는 상황에서 최우라는 집권자가 자기 안위를 위해 안전이 보장되는 강화도로 천도했다고 해석하죠. 이런 지적을 할 수 있게 하는 이유 중 하나가 이 무렵에도 여전히 초적들이 준동하고 백성들이 반란을 계속 일으켰다는 점입니다. 몽골이 아니더라도 최우를 불안하게 하는 요소가 너무 많은 거예요.

최태성 어쨌건 항전하기로 결정되었으니 그 당시 전쟁 양상으로 다시 돌아가 보면, 앞서 몽골의 제1차 침입 때 이야기했던 것처럼 고려가 삼군을 동원해 몽골과 전면전을 했다가 완전히 져 버리잖아요. 다시 말해 몽골을 상대로 전면전을 벌이는 것은 썩 좋은 전술은 아니었다는 거죠. 따라서 고려는 전면전보다는 일종의 게릴라전이 좀 더 적합하다고 판단합니다.

고려의 전략: 산성·해도입보책

이익주 그래서 이때 나온 고려의 전략이 산성입보책(山城入保策)과 해도입보책(海島入保策)입니다. 몽골군이 쳐들어오면 육지의 백성들을 대피하게 해서 산성이나 섬으로 들어가게 하는 작전이죠. 사실상 몽골 기병을 막을 유일한 방법이었을 겁니다. 강화 천도도 어찌 보면 해도입보책의 하나라고 할 수 있죠. 수도를 섬으로 옮기는 것이니까요. 이렇게 전략을 짜 놓은 상태에서 강화도에 있는 고려 조정이 산성방호별감이라는 직책의 지휘관을 각지의 산성에 파견해 몽골과 싸우는 것을 지휘하게 합니다.

이해영 접근하기 어려운 산이나 섬으로 가서 몽골군이 사라질 때까지 버티는 전술이네요. 산성과 해도 이 두 가지가 완벽하게 어우러진 곳이 바로 강화도고요.

최원정 최우가 김세충의 죽음을 발판으로 개경에서 강화도로 천도했습니다. 그렇다면 몽골의 반응은 어땠을까요?

몽골, 강화도 침공을 계획하다

1232년에 고려가 강화도로 천도한 후,
몽골은 또다시 고려를 침략한다.

몽골군은 강화도를 정벌하기 위해
태주의 향리인 변려를 사로잡아
강화도로 가는 뱃길을 묻는다.

"뱃길이 험난해 갈 수 없소!"

변려는 뜨거운 쇠로 살을 태우는
끔찍한 고문을 당하면서도
뱃길을 알려 주지 않는다.

결국 몽골군은 강화도 침공을 포기하고
배를 불태운 뒤 물러가고 만다.

고려의 아트 외교

최원정 고려가 강화도로 천도하자 몽골이 매우 불쾌했나 봐요. 많이 화가 났네요.

최태성 화가 날 수밖에 없죠. 기껏 화친 다 해 놓고 제대로 뒤통수를 맞은 격이잖아요. 1232년 9월에 오간 서신을 보면 이런 글들을 몽골이 남겼어요. 정말 화가 난 걸 알 수 있는데, "그대들은 교묘한 말로 설득하여 우리를 철군하게 한 후 갑자기 변하여 바다 위의 섬으로 들어가 버렸다. 너희가 진심으로 투항하겠다면 섬에서 나와 우리를 맞이하되, 진심으로 투항하지 않는다면 군대를 보내 우리와 싸우자"라고 선전포고합니다.

이익주 그런데 그 선전포고에 대한 고려의 반응이 좀 재밌습니다. "우리가 그 섬으로 들어와 놓고 보니 상국의 명령이 아닌데도 들어온 것이 두렵고 부끄러워 때를 맞춰 찾아가 뵙지 못하는 것일 뿐이지, 투항하고자 하는 마음은 한가지입니다. 어찌 딴 마음이 있겠습니까?"라고 하고 "비록 섬에 숨어 있지만 마음은 꿈에도 폐하의 조정에 있습니다. 마음이 이렇게 한결같다면 땅이 여기든 저기든 무슨 상관이겠습니까?"라고 변명합니다.

최태성 거의 을지문덕의 「여수장우중문시」[5]급 대응이에요. 이런 화법을 배워 둬야겠습니다. 써 먹을 데가 아주 많을 것 같아요.

이해영 "너 왜 여기서 기다리지 않고 도망갔어?"라고 하니까 "어차피 같은 하늘 아래 있는 건데요. 도망간 거 아니에요."라고 답했네요. 자기는 할 말 다 하면서도 상대방은 할 말이 없게 하는 완벽한 대응이네요. 진짜 명문인 것 같아요.

최원정 "너무 부끄러워 감히 찾아뵙지 못했어요. 제 진심을 알아주세요."라고 하면 무어라 꾸짖기가 어렵겠어요.

류근 "마음만은 거기 있어요."라고 답한 건데, 어쨌든 참 걱정되는 것이 있어요. 강화도는 침략당하지 않았다고 해도 육지에서는 보복당하지 않았을까요?

이익주 육지에서는 전투가 계속됩니다. 그러면서도 몽골은 고려 조정이 들어간 강화도를 공격할 생각은 하지 않습니다. 계속 강화도의 고려 조정을 향해 빨리 나오라고, 나오지 않으면 육지에서 보복하겠다고 큰소리는 치지만, 정작 강화도는 공격하지 않는 상태가 이어집니다.

이해영 산성입보책과 해도입보책에 입각해 강화도를 선택한 전략이 먹혀들어 갔다고 볼 수도 있겠네요.

류근 그런데 이상하지 않습니까? 당시에 몽골은 세계 최대의 국가를 경영할 만큼 강국이었는데, 변려 한 명이 입을 닫는다고 침략을 못 했을까요?

몽골이 강화도를 침략하지 않은 이유?

이해영 몽골군은 그 구성이 기마 부대에 특화되어 있잖아요. 당연히 수전에는 약할 수밖에 없지 않았을까요?

이익주 몽골이 수전에 약했다면 영토를 그렇게 넓게 확대하진 못했을 겁니다. 나중에 보면 일본을 공격하기도 하고, 배를 가지고 베트남도 공격합니다. 그 당시에 몽골이 전쟁할 때를 보면 일정한 패턴이 있습니다. 정복한 지역에서 군대를 징발해 자기들의 다른 전쟁에 이용한다는 것이죠.

신병주 병자호란 때를 봐도 비슷한 사례가 나와요. 청이 강화도를 공격하면서 청에 투항한 명나라 출신 수군들을 동원해 결국 성공하거든요.

최원정 그러면 몽골도 마음만 먹었으면 충분히 강화도를 공격할 수 있었다는 건데, 왜 공격하지 않았던 거예요?

최태성 몽골이 고려를 침략하는 양상을 보면 조금 독특한 면이 있어요. 수를 제시하면서 얘기해 볼게요. 몇 명 정도가 쳐들어왔을까요?

류근 임진왜란 때는 일본군이 몇 명 정도 쳐들어왔죠?

신병주 20만 명이 쳐들어왔습니다. 대군이죠.

최태성 그런데 고려로 쳐들어온 몽골군은 몇천 명 정도, 심지어 몇백 명밖에 안 될 때도 있었습니다. 그 몇천 명 또는 몇백 명이 우르르 몰려와 여기저기 휩쓴 다음에 돌아가고, 다시 와서 휩쓸기를 반복합니다. 고려의 전 국토를 지배하려고 하지 않는다는 거죠. 거의 노략질하는 수준 정도라고 할까요?

류근 에이, 말도 안 돼요. 그게 무슨 침략이에요. 오랑캐가 약탈하는 거잖아요. 동아시아에서 유럽까지 대제국을 건설한 몽골이잖습니까? 그런데 변방에 있는 작은 나라 고려를 그냥 가만히 내버려 둔다는 건가요? 애초부터 고려를 정복할 의지가 없었던 것은 아니고요?

고려를 침략한 몽골의 진짜 목표?

이익주 처음부터 몽골은 고려를 침략하면서도 정복할 의도는 없었습니다. 중국의 금과 남송을 공격하는 것이 중요했죠. 그래서 중국의 옆에 있는 고려와 일본을 상대로는 약탈을 하면서 정신을 빼놓는 것이 주요 목표입니다. 행여 있을지 모르는, 금과 남송이 고려나 일본과 연합할 가능성을 막으려고 한 것이죠.

최원정 야구로 치면 몽골은 고려에 계속 견제구를 던졌던 거예요.

류근 한마디로 수지와 타산이 맞지 않았던 거네요. 그냥 겁만 줘도 되니까 굳이 총력을 기울여 쳐들어올 필요가 없었던 거고요.

이해영 어쨌건 이렇게 되면 결과적으로는 강화도로 천도한다는 전략이 제대로 적중해 먹혀들었다고 볼 수 있을 것 같아요. 개경에 그대로 있었으면 수도가 금방 함락되고 모든 걸 빼앗겼을 수도 있는데, 강화도로 옮겼기 때문에 그나마 고려의 명맥을 지켜 낼 수 있었던 거예요.

전쟁에 시달린 고려 백성들의 삶

최원정 그런데 몽골이 강화도를 공격하지는 못했지만, 육지에서는 계속 고려를 공격했다면서요? 그러면 백성들은 어떻게 되죠? 죽어나는 건가요?

이익주 산성입보책과 해도입보책에 따라 산성이나 섬으로 대피하고, 그곳에서 몽골군과 싸움을 벌입니다. 그런데 문제는 산성이나 섬에 충분한 식량과 식수가 준비되지 않은 상태에서 급히 들어갔다는 것이죠. 그곳에서 아주 척박한 땅을 경작하면서 식량을 충당하면서 그 와중에 세금을 또 내야 하는 상황에 놓입니다. 그래야 국가가 유지되니까요. 몽골과 싸우면서도 이중, 삼중으로 어려움을 겪은 셈이죠.

류근 그야말로 생존을 걸고 싸웠네요. 그러면 중앙군은 그때 뭘 하고 있었습니까?

신병주 몽골의 제1차 침입 때 고려가 전면전을 펴다가 개경까지 공격당하는 상황을 초래하지 않았습니까? 그래서 중앙의 주력군들은 다 강화도를 지켰습니다. 지방의 방위는 자체적으로 알아서 해결하라는 분위기가 되고요. 그러니까 요즘 표현으로는 고려판 향토예비군들이 싸울 수밖에 없는 상황이 됩니다.

이익주 전쟁이 장기화하면서 산성이나 섬에서 식량과 식수의 공급이 가장 어려운 문제로 떠오릅니다. 전쟁 막바지인 1253년에 춘주, 그러니까 지금 춘천에 있는 봉의산성이라는 곳에서는 우물이 마르는 바람에 소와 말을 잡아 그 피를 마셨다는 기록까지 있을 정도

봉의산성

입니다. 강화도에 있는 조정에서는 백성들의 세금을 감면해 주거나 창고를 열어 구휼하는 조치를 하기는 하지만, 역시 역부족인 상태가 되죠.

신병주 특히 이때 화나기도 하고 안타까운 현실 중의 하나는 정작 집권자인 최우는 이런 백성들의 어려운 생활과는 전혀 관계없이 강화도에서 상당히 풍족하게 살아갔다는 거죠. 대표적인 사례가 육지에 있는 잣나무를 옮겨 자기가 거처하는 곳에 심으라고 했던 거예요. 그렇게 심은 정원수가 수십 리나 이어졌다고 하고요.† 이런 과정에서 추위에 얼어 죽는 사람들까지 생기니까, 분노한 백성들이 "잣나무와 사람 중에 과연 누가 중요한가?"라는 내용의 방을 붙일 정도였습니다.

최원정 아니, 장정들이 나라를 지키고 백성을 보호해야지, 조경에 동원된다는 게 말이 돼요?

날짜	기록
고종 29년 12월	몽골 사신을 위해 잔치를 베풀다.
고종 30년 10월	몽골 사신을 위해 잔치를 베풀다.
고종 30년 11월	최우가 자기 집에서 잔치를 베풀다.
고종 31년 2월	잔치를 베풀고 최우가 가면인 잡희를 바치다.
고종 32년 4월	최우가 온갖 잡희를 베풀다.
고종 32년 5월	최우가 그 집에서 잔치하다.
고종 33년 정월	최우가 잔치를 베풀다.
고종 33년 5월	최우가 선원사에서 음식을 대접하니 찬이 극히 풍성하고 사치스러웠다.
고종 38년 정월	최항이 왕께 주찬을 올리고 함께 잔치했다.
고종 39년 2월	최항이 궐내에서 잔치했다.
고종 39년 6월	최항이 자기 집에서 잔치했다.
고종 41년 3월	최항이 자기 집에서 잔치했다.
고종 41년 6월	최항이 자기 집에서 잔치했다.
고종 42년 2월	최항이 잔치하고 풍악을 울리며 밤을 새웠다.
고종 42년 3월	최항이 자기 집에서 잔치를 베풀고 이튿날 또 잔치를 베풀었다.

연회 기록

이해영 백성들은 척박한 땅에서 물이 없어 짐승의 피를 마셔 가며 겨우 겨우 버티는데, 최우는 잣나무 심고 나서 물 줬을 거 아니에요?

최태성 『고려사』를 보면 강화도에 벌어지는 연회에 관한 기록들이 나와요. 보시면 알겠지만, 그저 잔치뿐입니다. 계속 잔치했다는 기록만 나오는데, 잔치의 상세한 모습은 다음과 같습니다. "비단 장막과 능라 휘장을 둘러친 후 그 가운데에 그네를 매달아 수놓은 비단과 화려한 조화로 장식하였다. 산봉우리 모양의 얼음을 담은 큰 화분 네 개를 설치했는데, 그 화분은 모두 은테를 두르고 나전으로 장식했으며 큰 항아리 네 개에는 10여 종의 이름난 꽃을 꽂아 보는 사람의 눈을 황홀하게 하였다." 이게 전시 상황의 모습입니다.

이해영 같은 시간대에 일어난 이야기라고는 도저히 받아들일 수가 없는 모습이네요.

류근 백성들은 물 한 모금도 제대로 마시지 못하고 굶어서, 얼어서, 싸우다 죽어 나가는데, 자기들은 몽골이 오지 못하는 섬으로 들어가 호의호식한다는 거 아닙니까? 강화 천도라는 것은 정말 그들만을 위한 천도였네요.

이해영 최우의 호화 생활이 나쁜 짓이기는 한데, 강화 천도와는 무관한, 독립적인 문제인 것 같아요. 원래 개경에서도 하던 걸 강화로 옮겨서도 한 것뿐이죠.

류근 권력자라는 사람들이 백성을 총알받이로 남겨 둔 채 연회나 즐기고 저택이나 짓는데, 더군다나 그 돈이 다 어디서 났겠어요? 백성들이 낸 세금이잖아요? 백성들이 몽골뿐만 아니라 지배층의 수탈에도 저항해야 할 판이에요.

최태성 그래서 실제로 강화 천도 이후에 수많은 민란이 일어납니다. 일어날 수밖에 없는 상황이죠. 이런 상황에서 민란이 안 일어나면 그게 더 이상하잖아요. 심지어는 백성들이 너무 힘드니까 오히려 쳐들어오는 몽골군을 더 반기는 일까지 벌어져요.

이익주 최우를 비롯한 권력자들의 행동은 비난받아 마땅합니다. 전시 상황에서 지배층으로서 의무를 다하지 못한 것이죠. 하지만 다른 한편으로 보면 그렇게 향락에만 빠졌던 것은 아니고, 나름대로 대책을 마련을 합니다. 몇 개 군현 사람들을 한 성에 집합시키고, 그 성에 앞서 언급한 산성방호별감이라는 관리를 파견해 여러 수령을 지휘해 몽골에 항전하게 합니다. 또한 전쟁이 소강상태가 되면 산성이나 해도에 들어간 백성들을 본 고장으로 돌아가게도 하고 구휼 사업도 벌입니다. 어찌 됐든 결과적으로 고려가 약 30년 동안 몽골의 침략에 맞서 싸웠다는 것 자체는 상당

수즈달을 약탈하는 몽골군 우구데이 칸의 치세에 몽골군은 러시아의 공국들을 휩쓸었다.

히 높이 평가해야 할 것 같습니다.

신병주 또 다른 관점에서 보면 세계 제국을 형성한 몽골이라는 나라를 상대로 중앙아시아와 러시아, 일부 유럽 지역이 얼마 안 되는 기간에 추풍낙엽처럼 쓰러졌던 그 시대에 그래도 고려는 어느 정도 저항했다는 점을 높이 살 수 있죠. 그러니까 몽골도 고려를 만만치 않게 봤고요. 별 저항 없이 몽골에 바로 그냥 굴복했다면 그 역사를 우리는 대단히 안타까워하지 않았을까요?

이익주 흔히 과거의 일을 후대에 평가할 때는 잘잘못을 따지고 이분법적으로 생각하기가 쉽습니다. 하지만 훨씬 더 절실한 상황 속에 있다고 가정하고 판단할 필요가 있죠. "만일 우리가 그 상황이었다면 어떻게 결정했을까? 침략을 막을 수 있는 군사력은 없을 때 어떻게 해야 하는가?" 즉 요즘 우리의 처지에서 생각할 것이 아니라 그 당시 사람들이 처한 상황에서 최선의 판단은 무엇이었는지도 함께 고려할 필요가 있다고 봅니다.

† 최우가 자기 집을 짓는데, 도방(都房)과 4령(四領)의 군사를 모두 부려 배로 구경(舊京)의 재목을 실어 오고, 소나무와 잣나무를 가져다가 가원(家園)에 많이 심었다. 사람이 많이 물에 빠져 죽었다. 그 원림(園林)의 길이와 폭이 무려 수십 리였다.

—『고려사절요』 고종 21년(1234) 10월

승려 김윤후, 세계 최강 몽골군을 두 번 무찌르다

1232년 7월의 강화 천도는 즉시 몽골의 제2차 침입을 불러왔다. 몽골의 침략은 그해 8월에 시작되었는데, 이번에도 지휘관은 살리타이였다. 살리타이는 고려의 강화 천도를 비난하면서 개경으로 돌아올 것을, 즉 환도를 요구했다. 하지만 협박에 그칠 뿐이었고 강화도를 공격하지는 못했다. 미처 수전을 준비하지 못했기 때문이다. 그 대신에 살리타이는 육지의 여러 성을 공격해 약탈함으로써 강화도의 고려 조정과 최씨 정권을 압박했다.

살리타이는 고려에 들어온 뒤 비어 있는 개경에 무혈입성했고, 계속 남하해 남경(지금의 서울)을 함락했다. 하지만 광주에서 광주부사 이세화가 이끄는 군민들의 저항에 부딪히자 그대로 통과해 처인성(지금의 경기도 용인)을 공격했다. 그런데 여기서 12월 16일에 살리타이가 화살에 맞아 전사하는 대사건이 일어났고, 지휘관을 잃은 몽골군이 대오를 수습해 모두 철수하는 일이 벌어졌다. 몽골이 세계 도처를 침략하는 동안 최고 지휘관의 전사는 매우 드문 일이었다는 점에서 몽골의 제2차 침입 당시 고려의 처인 대첩은 역사적인 사건이었다.

당시에 처인은 부곡이었다. 부곡은 향 · 소와 더불어 일반 군현에 비해 차별받는 특수 행정구역이었다. 그곳에 사는 사람들이 몽골군과 싸워 적장을 사살하고 적군이 모두 후퇴하게 하는 놀라운 전과를 거둔 것이다. 이 승리에 대한 포상으로 처인부곡은 처인현으로 승격되었다. 당시에 처인성의 방어 체계가 어떠했는지는 알 수 없다. 부곡에는 지방관이 파견되지 않는 데다, 전투를 지휘한 관리의 존재도 확인되지 않는다. 따라서 부곡민들의 자발적인 항전이었을 가능성이 높은데, 유일하게 이름이 확인되는 사람이 김윤후다.

『고려사』 등의 자료에 따르면 김윤후는 백현원의 승려로서 몽골군을 피해 처인성에 들어왔다가 살리타이를 활로 쏘아 죽였다고 한다. 그런데 바로 뒤이어 김윤후 자신이 "싸울 때 나는 활도 화살도 가지고 있지 않았다."라고 하며 공을 다른 사람에게 돌렸다는 기록이 있으므로 누가 한 일인지는 의문이 남는다. 하지만 어찌 되었든 몽골군을 격퇴한 처인성 승리의 의미가 작아지는 것은 아니다.

처인성에서 거둔 승리를 가장 기뻐한 사람은 최우였을 것이다. 다수의 반대를 물리치고 강행한 강화 천도가 빌미가 되어 몽골의 침략이 시작된 상황에서 최우는 누구보다도 정치적 책임을 크게 느꼈을 것이다. 하지만 몽골군의 격퇴에 성공한 뒤로는 강화 천도를 칭송하는 분위기가 한껏 고조되고, 강화 천도를 주도한 최우의 정치적 입지도 굳어졌다. 따라서 이 승리는 최우를 위기에서 구해 주었고, 동시에 강화도로 천도한 상태에서 장기전을 펼칠 수 있는 원동력이 되었다고 할 수 있다.

최우는 김윤후에게 무신의 최고직인 정3품 상장군 벼슬을 주어 보답하고자 했다. 김윤후는 이를 사양했지만, 정6품 섭낭장의 관직을 받고 환속했다. 그 뒤 김윤후의 이름은 1253년의 충주성 전투에서 다시 등장한다. 1253년에는 몽골이 제5차 침입이 있었다. 몽골군은 7월에 침략을 시작해 10월에 이미 충주성을 포위했다. 그때 충주성의 산성방호별감으로 파견된 사람이 바로 김윤후였고, 처인성을 지킨 것처럼 충주성을 지키는 데도 성공했다. 무려 70여 일간 포위당해 어려움에 처했으나, 김윤후가 관노의 노비문서를 불태워 버리고 귀천에 관계없이 관직을 주겠다고 약속하자 성 안에 있던 사람들이 죽음을 무릅쓰고 싸운 결과였다. 승리 후 약속은 지켜졌고, 충주는 국원경으로 승격되었다.

김윤후는 처인부곡민들과 충주의 관노들을 항몽전에 나서게 함으로써 승리를 거둘 수 있었다. 우리 역사의 수많은 명장 가운데 김윤후의 이름이 우뚝한 것은 일반 민들의 자발적 참여를 끌어냈기 때문일 것이다.

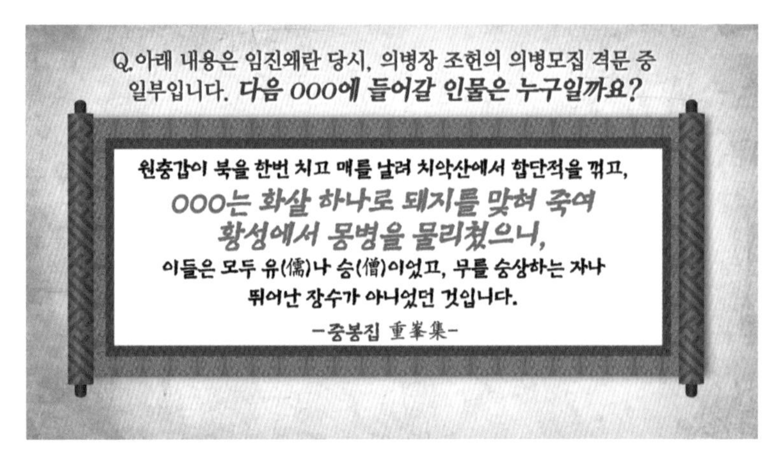

고려의 이 영웅은 누구일까?

문제로 풀어 보는 그날의 인물

최태성 문제를 풀어 보는 특별한 코너로 시작해 보겠습니다. 문제를 한번 보시죠. 임진왜란 당시의 의병장인 조헌[1]이 쓴 의병 모집 격문 중 일부입니다. "원충갑이 북을 한 번 치고 매를 날려 치악산에서 합단적을 꺾고, ○○○는 화살 하나로 돼지를 맞혀 죽여 황성에서 몽병을 물리쳤으니, 이들은 모두 유(儒)나 승(僧)이었고, 무를 숭상하는 자나 뛰어난 장수가 아니었던 것이다." 쳐들어온 왜적에 맞서 무인뿐만 아니라 유학자와 승려 할 것 없이 모든 백성이 싸워야 한다는 내용으로 『중봉집』[2]에 수록되어 있는데, 이때 조헌이 백성들에게 매우 유명한 고려의 영웅 두 사람을 예로 듭니다. 한 사람은 방금 언급된 원충갑이고, 또 다른 한 사람이 누구인지 맞추시면 되겠습니다.

류근 삼별초의 난과 대몽 항쟁으로 유명한 배중손이 언뜻 떠오르는데, 진짜 모르겠습니다.

이윤석 저는 조헌이 누구인지도 가물가물하고, 돼지를 맞췄는데 몽병을 물리쳤다고 이어지는 문장 자체도 이해가 잘 안 돼요.

신병주 일단은 조헌이라는 인물이 누구인지 알아야 할 거 같아요. 임진왜란 때 의병장으로서 크게 활약했고, 특히 금산 전투에서는 700명의 의병을 이끌고 최후까지 항전하다가 모두 전사했죠. 그러니까 조헌처럼 외적에 맞선 인물이 가장 존경하고 높이 평가했던 인물이 누구인지에 초점을 모아 봐야 할 것 같습니다.

최태성 많은 분이 평생 이름을 들어 보시지 못한 인물일 수도 있습니다. 이해합니다. 그렇지만 이 인물은 고등학교 시험이나 한국사 시험, 공무원 시험 등 여러 시험에서도 매우 많이 다루는 아주 중요한 인물입니다. 그러면 고려와 몽골의 전쟁에서 판세를 뒤바꾼 역습 사건의 주인공을 보시겠습니다.

고려 승려 김윤후, 세계 최강 몽골군을 무찌르다

1232년(고종 19) 가을,
몽골군이 고려를 침입했다.

몽골군은 내륙으로 남하해
개경을 지나 용인 처인성에 이른다.

총사령관은 '권황제(權皇帝)'로 불리는 살리타이!
정규군조차 없는 처인성에서는 승려 김윤후가
백성 1000여 명을 이끌고 결사의 항전을 준비한다.

그런데 이때 갑자기 화살 하나가 날아들어
방심한 몽골군 총사령관 살리타이를 꿰뚫는다.

처인성 전투의 영웅, 김윤후는 누구?

최원정 1232년, 몽골의 제2차 침입 당시에 벌어진 처인성 전투를 봤습니다. 이제 정답 아시겠죠?

류근 최태성 선생님이 내신 문제의 정답이 처인성 전투를 지휘한 김윤후입니까?

최태성 맞습니다. 사실 처인성 전투가 일어날 당시에는 김윤후라는 이름 대신에 백현원 승려라는 신분으로만 알려져 있었고요. 당연히 생년월일 같은 신상 정보는 전혀 알 수 없는 인물이었습니다.

최태성 이 김윤후라는 인물이 누구인지 하나하나 알아 나가다 보면 정말 재미있는 이야기들을 듣게 되실 겁니다.

이윤석 저는 이름을 처음 듣는 인물이 누군가를 활로 쏴서 죽였다는데, 아직도 누가 누굴 죽인 건지 헷갈립니다. 간단하게 요점을 정리해 주시면 저뿐만 아니라 다른 분들께도 도움이 되지 않을까요?

이익주 1231년에 고려에 대한 몽골의 침략이 시작됩니다. 그때 고려는 귀주와 자주 등에서 승리를 거두었지만, 결국 개경이 포위되는 상황이 되면서 몽골과 강화 협상을 벌입니다. 강화하는 조건으로 다루가치를 설치할 것, 몽골에 여러 가지 막대한 공물을 보낼 것, 이렇게 두 가지를 약속해 몽골군이 돌아가는데, 그 당시에 정권을 잡고 있던 최우가 몽골군이 돌아가자마자 강화 천도를 단행하죠. 강화 천도는 그때까지 합의한 것을 모두 무효로 돌리고 몽골과 다시 싸우겠다는 의지를 보인 겁니다. 그래서 몽골이 고려로 다시 침략해 오고, 이때 몽골군을 지휘한 사람이 바로 살리타이입니다.

몽골군 총사령관 살리타이의 죽음

신병주 살리타이로서는 얕볼 수밖에 없었던 게, 그 당시에 처인성은 말

옛 처인성 터

만 성이지 둘레가 겨우 400미터 정도밖에 안 됩니다. 그리고 석성이 아닌 토성이에요. 게다가 처인성이란 곳에 주로 거주하던 사람들은 처인부곡민입니다. 만적의 난을 다룰 때 잠깐 언급했지만, 부곡민들은 고려 시대의 양인 중에서도 차별을 받았던, 특히 국역의 부담이 커서 매우 열악한 위치에 있었던 백성들이죠. 고려 정규군은 이 처인부곡을 지원할 수 있는 여건이 되지 않았고요. 따라서 몽골과 처인성의 대결은 권투로 치면 헤비급[3]과 밴텀급[4]의 시합입니다.

최원정 다윗과 골리앗의 싸움이군요.

이윤석 둘레가 400미터라고 하시니까 생각해 봤는데, 제가 옛날에 학교 운동장에 줄 그어 놓고 400미터 이어달리기를 했어요. 정말 작고 좁은 성이란 말인데, 전력의 차이가 그야말로 하늘과 땅 차이였겠네요. 그 와중에 몽골 총사령관이 화살에 맞아 죽은 거고요.

류근 몽골로서는 치명타를 맞은 사건이 아닌가 싶어요. 몽골군이 우두머리를 잃으면 일단 즉각 퇴각하고 보는 특징이 있다면서요?

최태성 맞습니다. 이때도 마찬가지였어요. 살리타이가 12월 16일에 사망했는데, 그 이후에 몽골군이 철수합니다. 제2차 침입 이후 석 달 남짓 되는 시점에 철수한 것이죠.

이익주 살리타이가 죽기 전에 있었던 재미있는 일화가 하나 있습니다. 『신증동국여지승람』에 나오는 이야기입니다. 살리타이가 남하해 개경에 가서 고려 관리 한 사람을 사로잡습니다. 어사잡단이라는 자리에 있던 설신이라는 관리인데, 설신이 살리타이에게 "다른 나라 장수가 남쪽 강을 건너면 불길하다."라는 고려 옛말을 전합니다. 그런데 살리타이가 바로 다른 나라 장수이지 않습니까? 그러니까 개경보다 남쪽에 있는 강을 건너면 불길하다는 말을 해서 남쪽으로 내려가지 말라고 말린 거죠. 하지만 살리타이는 이 말을 무시하고 강을 건너 한양산성을 함락하고 광주를 공격한 다음에 처인으로 갔다가 거기서 죽임을 당합니다.† 그래서 몽골 사람들이 "아, 설신이라는 사람의 말이 옳았구나."라고 해서 돌아가는 길에 개경에 가서 설신을 가리켜 지혜와 식견이 있다면서 강화도로 돌려보내 줬다는 기록이 있습니다.

최원정 재밌네요. "다른 나라 장수가 남쪽에 있는 강을 넘으면 재수가 없다."라는 얘기가 실제로 있나요? 아니면 설신이 재치 있게 지어낸 건가요?

이익주 지어낸 이야기 같습니다.

이윤석 임기응변이었군요.

최태성 내려가지 못하도록 막으려고 그런 지혜를 발휘한 게 아닐까 하는 생각이 듭니다.

최원정 설신이 순발력이 있네요. 그렇다면 과연 살리타이의 목숨을 앗아 간 화살의 정체는 무엇인지, 어떻게 이렇게 앗아 갈 수 있었는지 상황이 궁금해 그 정황을 상상해 볼 수 있는 시간을 박금수 박사님을 모시고 마련해 봤습니다.

† 원의 원수 살리타이가 어사잡단(御史雜端) 설신을 군중에 잡아 두고 송경(松京)에 와서 강을 건너 남하하고자 하였다. 설신이 살리타이에게, "우리나라에 이국 대관(異國大官)으로 남강(南江)을 건너는 자는 불길하다고 전해 오는 말이 있다."라고 했다. 살리타이가 듣지 않았고 한양산성으로 가서 함락시킨 다음, 처인성에 갔다가 날아온 화살에 맞아 죽었다.

—『신증동국여지승람』 제10권

몽골군 총사령관 살리타이를 사살한 무기는?

박금수 저는 고려가 대몽 항쟁에서 사용했을 법한 무기를 하나 갖고 나왔습니다. 바로 쇠뇌입니다. 방아쇠가 달린 활이죠. 요즘에는 석궁이라는 스포츠로 즐기시는 분들도 많고요. 이 쇠뇌는 고려 시대 내내 매우 중요한 무기로 사용됐습니다. 고려 말기까지 활과 쇠뇌를 담당하는 궁노도감이라는 전문적인 부서가 있을 정도였죠. 그렇기 때문에 대몽 항쟁기에도 이 쇠뇌를 활발하게 썼을 것으로 추측할 수 있습니다.

류근 이쯤 되니까 저는 감이 좀 오는데요. 살리타이를 쏜 무기가 쇠뇌가 아니었을까 싶네요. 쇠뇌가 먼 거리에 있는 목표물을 정확하게 타격하기에 아주 합당한 무기라고 알려져 있지 않습니까? 게다가 처인성이 작았다고 했잖아요? 그림이 충분히 딱 떠오르는데요?

박금수 류근 시인님 말씀에 제가 조금만 보태겠습니다. 활과 쇠뇌의 차이점을 보자면 먼저 활은 당기는 상태에서 조준해야 합니다. 배의 근육에 힘을 준 상태에서 정밀하게 조준해야 하기 때문에 매우 큰 힘이 필요해 다루기가 생각보다 쉽지 않습니다. 하지만 쇠뇌는 줄을 당겨 걸어 놓으면 손가락 힘만 써도 쏠 수 있죠. 나머지 힘은 조준하고 집중하는 데 쓸 수 있었기 때문에 활보다는 상대적으로 정확도가 높았고요. 이렇게 쇠뇌의 위력이 강했기 때문에, 고려 시대에 조정에서 쇠뇌의 제작과 보급을 직접 관리하는 부서를 중앙에 편제할 정도였습니다. 또한 중앙군에도 쇠뇌를 전문적으로 다루는 쇠뇌 부대가 별도로 편성돼 있었습니다. 다만 정부에서 직접 관리하는 특수한 무기라는 점 때문에 안타깝게도 처인성 전투에서 이 쇠뇌를 사용했을 가능성은 매우 낮습니다. 처인성을 지킨 백성들은 정규군이 아니었기 때문에 조정으로부터 쇠뇌를 보급받을 가능성이 매우 낮았기 때문이죠.

이윤석 그럼 결국 살리타이가 사망한 원인은 역시 활이었겠네요.

박금수 글쎄요. 과연 활로 살리타이를 쏠 수 있었을까요? 물론 활은 쇠뇌에 비해 여러 가지 장점이 있습니다. 우선 기본적으로 제작이 아주 빠르죠. 또한 가벼워서 들고 이동하기가 쉽습니다. 그런데 이윤석 씨의 질문에 대한 답은 이윤석 씨께서 한번 활을 쏴 보시면 나올 것 같습니다. 활을 쏘려면 일단 줄을 당기셔야죠. 어디까지 당겨야 하냐면, 줄을 들어 귀 뒤까지 당기셔야 합니다. 그래야 힘이 실립니다. 양궁에서는 앵커링이라고 해서 활을 당긴 손을 턱이나 볼에 대죠. 그런데 국궁은 조금 다릅니다. 줄을 네 손가락으로 잡으시고 팔꿈치는 올려서 당기세요. 줄을 놓치시면 안 돼요. 빈 활이기 때문에 망가집니다.

이윤석 어휴, 손이 얼굴까지 안 가요. 차라리 얼굴을 앞으로 내미는 게 낫겠습니다.

박금수 그럼 의미가 없죠. 너무 용쓰시면 몸살 나요.

류근 이러다가 이윤석 씨 뼈가 부러지겠어요.

이윤석 너무 힘들어요. 눈물이 나려고 해요. 아무리 힘을 줘도 줄이 얼굴까지가 안 와요.

박금수 그러면 이번에는 활 대신 쇠뇌를 한번 쏴 볼까요? 쇠뇌는 두 손으로 줄을 당겨서 겁니다. 쇠뇌는 장전이 좀 느립니다.

기술과 힘을 요구하는 활쏘기

이윤석 와, 쇠뇌는 준비가 오래 걸리는 대신에 쏠 때는 힘이 안 들어요.

박금수 쇠뇌는 훈련을 많이 받지 않은 사람도 장전하는 법만 알면 쉽게 쓰죠. 반면에 활은 매우 많이 연습해야 하고, 평상시에도 근력을 관리해 줘야 적을 정확히 맞출 수가 있습니다. 활은 쇠뇌보다 사거리도 조금 상대적으로 떨어지죠. 그래서 처인성 안에서 활을 쏴 밖에 있는 몽골 장수를 바로 맞춘다는 것은 사실은 쉽지 않은 일입니다. 특히 총사령관이라면 주로 후방에서 지휘하기 때문에

비교적 쏘기 쉬운 쇠뇌

성벽으로 근접하지는 않겠죠. 활일 가능성은 낮다고 볼 수밖에 없습니다.

류근 그러면 박금수 박사님께서 보시기에 살라타이를 죽인 무기는 쇠뇌인가요, 활인가요?

박금수 알 수가 없죠. 그때 당시 기록이 적지 않습니까? 게다가 전쟁 중이라면, 특히 몽골의 제2차 침입은 전황을 구체적으로 알 수 있는 사료가 매우 적죠. '의즉전의(疑則傳疑)'라고 해서 "의심스러

런던 올림픽 단체전에서 금메달을 딴 양궁 선수들

운 것은 그것을 확실히 할 증거가 없는 이상, 의심스러운 그대로 후세에 전해라."라는 옛말이 있습니다. 지나간 것은 지나간 대로 두어야죠.

이익주 확실하지 않은 것을 억지로 만들어서 후세에 전하기보다는, 여기까지는 알고 여기부터는 모르는 일이라고 전하는 게 옳죠.

류근 어쨌건 화살에 맞아 죽은 것은 분명하죠?

이익주 네, 화살에 맞았습니다.

최원정 살리타이를 사살한 그 화살을 어떤 무기로 쏘았는지 우리로서는 정확히 알 수 없다는 게 지금의 결론이군요. 오히려 그래서 더 '무엇이었을까?' 하고 상상력이 동원되네요.

류근 활이 보기에는 가벼워 보이잖아요. 근데 정말 안 당겨지네요.

이윤석 우리 양궁 선수들이 올림픽과 아시안 게임에서 매번 전 종목을 석권하다시피 하는 걸 보면 '얼마나 연습을 많이 했을까?'라는 생각도 드네요.

신병주 선수 선발전을 할 때 4000발씩 쐈다고 하잖아요.

류근 그래서 김윤후가 더 대단하다는 생각이 드네요. 무인도 아니고 승려였잖아요. 평소에 갈고닦은 실력이 있으니까 살리타이를 쏴서 맞춘 게 아닐까 하는 생각이 들지 않습니까?

최원정 소림사 승려도 아닌데, 활 쏘는 실력이 대단했다는 거네요.

살리타이를 누가 사살했나?

최태성 잠깐만요. 제가 살리타이의 죽음에 관한 『고려사』의 기록을 한 번 읽어 드릴게요. "살리타이가 처인성을 공격하자 성 안으로 피난 와 있던 한 승려가 그를 활로 쏘아 죽였다." 그리고 『고려사』 「김윤후 열전」에는 "몽골 원수 살리타이가 와서 성을 공격하자 김윤후가 그를 활로 쏘아 죽였다."라고 되어 있습니다. 그런데 엇갈리는 진술이 나와요. 김윤후가 살리타이를 죽였으니까 상을 내릴 거 아니에요? 무인의 최고 벼슬이라고 할 수 있는 정3품 상장군으로 임명하려고 합니다. 그때 김윤후가 이렇게 얘기합니다. "저는 그때 활과 화살을 가지고 있지 않았습니다."

최원정 활과 화살이 없었다는 얘기는 김윤후가 안 쐈다는 말인가요?

류근 잠깐만요. 반전이기는 한데, 복잡하게 생각할 필요가 없어요. 내 활과 화살이 아니더라도 옆에 있는 아무것이나 빌려 잡고 쏠 수 있잖아요. 급한데 일단 쏘고 봐야죠.

최태성 그랬다면 김윤후가 자기가 쐈다고 확실히 말했겠죠.

류근 어쨌든 김윤후가 쏴서 맞혔다는 기록이 『고려사』에는 있다는 거 아닙니까?

이윤석 아니면 김윤후가 쏴서 맞힌 게 맞는데, 인격이 훌륭한 사람이라서 모든 공을 백성에게 돌리려고 한 겸양의 표현이 아닐까 하는 생각도 듭니다.

신병주 더 확실한 기록이 있으면 좋을 텐데, 『원사』의 기록은 더 모호해요. "살리타이가 유시에 맞아 죽었다."라고 돼 있거든요.[†] 흐를 유(流), 화살 시(矢)입니다. 화살을 쏜 사람으로 어떤 특정인을 지목한 게 아니라, 전쟁으로 혼란한 상황에서 우연히 화살에 맞아 죽었다는 말이죠.

이익주 김윤후가 쏘아 죽였다는 기록과 김윤후가 스스로 활과 화살을 갖고 있지 않았다고 말한 기록이 엇갈리는데, 유시에 맞았을 가능성이 높아 보입니다. 어쨌든 김윤후는 조정에서 주려고 했던 상장군직을 거부하고 섭랑장이라는 정6품 무신직을 받습니다.[‡]

최태성 가만히 있었으면 상장군직을 받았을 텐데 말이죠.

신병주 공을 탐내는 지휘관이었으면 애초에 활과 화살을 가지고 있지 않았다는 얘기도 안 했겠죠.

최태성 사실 그 당시는 몽골의 침략을 받는 상황이니까 없는 영웅도 만들어야 하는 분위기잖아요. 그런데 진짜 영웅이 나타나니까 고려 조정이 어떻게든 포상하려고 했는데, 김윤후가 저렇게 나오니 난감했을 거 같아요.

류근 김윤후가 승려잖아요. 마음을 비운 거예요. 저는 김윤후가 살리타이를 죽이지 않았다고 해도 대단하기는 마찬가지라고 생각합니다. 정규군도 없이 피난민들을 이끌고 세계 최강의 몽골군에 맞서 싸워 이긴 거 아닙니까?

이윤석 급조된 민병대가 세계 최강의 몽골 정예병을 무찌른 사례가 아닌가 싶어요.

† 살리타이가 고려를 정토하던 중 처인성에서 유시에 맞아 죽었다.
—『원사』「고려전」

‡ 왕이 그 공을 가상히 여겨 상장군으로 제수하였으나, 김윤후는 다른 사람에게 공을 양보하면서 말하기를, "전시(戰時)를 맞았지만 나에게는 궁전(弓箭)이 없었으니 어찌 헛되이 무거운 상을 받을 수 있겠는가?"라고 하며 고사하여 받지 않자 이에 섭랑장(攝郎將)으로 고쳤다.
―『고려사』「김윤후 열전」

처인성 전투 승전, 그 후

신병주 그래서 고려 조정에서도 포상책을 내놓습니다. 바로 처인부곡을 주현으로 승격합니다. 고려 시대의 지방 단위를 지방관이 파견되는 주현, 파견되지 않는 속현, 그리고 향·소·부곡으로 크게 세 등급으로 본다면 처인부곡은 주현으로 승격했으니까 두 단계나 오른 거죠. 대학수학능력시험 등급을 두 단계 올리는 것보다 더 어려운 일입니다. 더는 천역 같은 것을 하지 않아도 될 정도로 위상이 훨씬 더 오른 셈이고요. 고려 조정에서 처인 지역을 상당히 대우해 준 겁니다.

최원정 차별 대우를 받는 양인들이 사는 곳이라고 했잖아요? 모든 주민을 진심으로 축하해 주고 싶네요.

처인성 전투 승리의 이면

최태성 열심히 싸워서 얻어 낸 거죠. 어쨌거나 처인성에서 거둔 대승리로 다들 좋아하는데, 뒤에서 누구보다도 더 기쁘게 손뼉을 치는 사람이 있었습니다. 그 사람은 누구일까요?

류근 있을 법한 얘기에요. 이럴 때 손 안 대고 코 푸는 거 좋아하는 사람들이 반드시 있어요. 저는 집권 세력이라고 생각합니다.

이윤석 집권 세력은 처인성이 무너지면 다음은 바로 자기들 차례인데, 몽골군이 물러갔다고 기뻐했을 것 같아요.

최태성 그 사람은 바로 당시 강화도에 있던 무신 집권자이자 최고 실력자, 최우입니다. 사실 최우가 강화 천도를 단행하는 바람에 몽골의 제2차 침입이 일어난 거잖아요. 원인을 제공한 사람이 최우라는 말이에요. 따라서 최우가 강화 천도 이후에 전쟁의 양상에 민감하게 촉을 세우는 상황이었는데, 처인성에서 대승리를 거둔 거죠. 그러니까 강화 천도를 반대한 사람들에게 "거봐, 되잖아!" 하고 대몽 항쟁의 정당성을 이야기할 수 있는 거예요.

최원정 자기 전략이 먹혔다고, 나쁜 전략이 아니었다고 주장할 수 있게 되었네요.

류근 최우로서는 여러 가지로 의미가 있는 항전이었을 거 같아요. 그래서 승리의 주역인 김윤후에게 일약 무신 최고위직인 상장군 벼슬까지 내리려 한 거고요. 진심으로 고마워했을 거 같습니다.

이익주 망이·망소이의 난과 만적의 난 같은 전국적인 민란과 천민들의 신분 해방운동 같은 것들이 몽골과의 전쟁이 시작되기 불과 약 30년 전인 1190년대에 일어나고 있었습니다. 그러면 문제는 이런 계급 갈등을 어떻게 수습하고 외세의 침략에 맞서 싸우느냐가 될 텐데, 몽골의 침략이 시작된 다음에도 이 갈등이 사그라지지 않습니다. 그러니까 이 시기는 밖으로는 몽골의 침략에 맞서 싸우면서 안에서는 지배층과 피지배층 사이의 갈등이 중복되어 일어나는 복잡한 양상을 띠었다고 할 수 있죠.

류근 민심 이반을 부를 수밖에 없는 도덕적 해이가 지배층들에게 있었던 거죠. 강화도로 들어간 귀족들은 거기서도 개경 시절에 못지않은 사치를 누렸다고 하잖아요. 제가 그 당시 상황을 묘사한 시 한 편을 준비했는데, 그 유명한 이규보가 지었습니다. "가지런한 많은 집 멀리서도 알아볼 수 있겠는데/ 옥루 높은 곳에 비단 장막 올려졌네/ 틀림없이 잔치 열려 붉은 비단 찬란할 걸세/ 막 바라보기를 멈추니 오직 들리는 건 바람결에 들리는 느슨한

풍악 소리/ 멀리서 생각하건대 기녀들이 옷소매 치켜올려 팔을 내놓고/ 애교 띤 얼굴에 술잔 받쳐 들고 가느다란 눈길 흘리리니/ 햇발 기울여도 사람들 흩어지지 않을 걸세." 이런 시가 전시에 나온다는 게 말이 됩니까? 이게 웬 잔치입니까?

최원정 강화도로 천도한 다음에 최우가 자기네 집에 나무 심고 조경하느라 매우 바빴다는 얘기도 들었잖아요.

이윤석 겨울에는 빙고에 얼음을 채워 놨다는 얘기를 저는 본 거 같거든요.† 그러니까 백성들이 전쟁터에서 죽는데, 지배 세력들은 다음 여름을 시원하게 날 궁리를 하고 있었다는 얘기에요. 그래서 김윤후가 상장군직을 사양한 이유 중에 하나는 '저런 사람들이 준 벼슬이라면 나는 받고 싶지 않다.'라는 마음이 있지 않았을까 싶기도 해요.

최태성 대몽 항쟁 초반 당시에 지배층의 정책을 보면 중앙정부에 있는 지배층들의 권익을 우선시하고, 지방민들에 대한 차별은 여전히 계속되는 상황이었거든요. 그래서 저항이 가장 먼저 일어난 서북 지역 백성들은 쳐들어온 몽골군을 오히려 반기기도 했어요.

류근 오죽하면 그렇겠어요. 오죽하면…….

최태성 몽골군과 싸운 김윤후와 처인성 백성들과는 다르게 투항하거나, 오히려 몽골의 앞잡이가 되는 사례들도 나오는 상황이었습니다.

최원정 어느 시대나 전쟁이 나면 등장하는 반역자와 변절자가 분명히 있기 마련인데, 제2차 침입 당시에도 대표적인 투몽 고려인이 있었다고 합니다.

† 최이(최우)가 서산(西山)에서 사사로이 얼음을 잘라 저장하려고 백성을 징발하여 얼음을 실어 나르니 백성들이 매우 괴로워하였다.
—『고려사절요』 고종 30년(1243) 12월

홍복원, 몽골에 귀부하다

1233년(고종 20) 5월,
서경에서 반란이 일어난다.

서경낭장 홍복원과 필현보 등이 중심이 되어
서경에 파견된 선유사 두 사람을 죽이고
성을 빼앗아 몽골에 귀부한 것이다.

크게 놀란 최우는 반란을 진압하고자
그해 12월에 자기의 가병 3000명을
서북면병마사 민희와 함께 서경으로 보낸다.

결국 필현보는 사로잡히고
개경으로 압송당하는데…….

몽골의 앞잡이 홍복원

최원정 한창 전쟁 중인데 반란을 일으키고 몽골에 투항까지 했어요.

류근 최우가 가병을 3000명이나 파견한 것으로 보아 사태를 심각하게 인식했던 모양이에요.

최태성 최우는 서경을 평정하고 나서 강력하게 처벌하려고 합니다. 반란 관련자들을 참수하는데, 홍복원은 몽골로 도망갔으므로 홍복원의 아버지인 홍대순을 비롯해 동생과 아들, 딸 등을 모두 사로잡아 인질로 삼습니다. 더 놀라운 건 남아 있던 서경 지역 사람들을 전부 다 섬으로 보내 버려요. 근데 문제는 시간이 좀 흘러 반전이 나온다는 겁니다. 갑자기 고려 조정이 인질로 잡은 홍대순, 그러니까 홍복원의 아버지에게 대장군이라는 관직을 줘요.†

류근 그건 또 도대체 무슨 얘기에요? 앞뒤가 너무 안 맞는데요?

최원정 갑자기 왜요? 계기가 있어요?

이익주 홍복원이라는 사람에 관해 알아 둘 필요가 있습니다. 전에 고려와 몽골이 형제 맹약을 맺을 당시에, 그러니까 몽골군이 고려에 처음 들어왔을 때 홍복원의 아버지 홍대순이 항복하고 몽골군을 안내해 고려로 들어옵니다. 그러니까 이때부터 홍씨 집안은 친몽 세력이 된 거죠. 홍복원은 그 이후에 몽골에서 관리가 되고, 나아가 몽골의 세력가로 성장합니다. 『원사』에 몽골 관리들의 열전이 있는데, 놀랍게도 「홍복원 열전」이 있을 정도로 몽골 안에서 아주 대단한 지위에 올라가죠. 따라서 고려 조정으로서는 몽골로 도망간 홍복원을 달랠 필요가 있었던 거고요. 전투에서는 일단 이겼지만, 또다시 공격해 올 가능성이 얼마든지 있기 때문에 홍복원을 이용해 몽골과의 외교 통로를 만들려고 생각했던 겁니다. 그래서 홍복원의 아버지 홍대순에게 관직을 주고, 홍복원의 동생들에게도 관직을 주는데, 홍복원은 끝내 고려에 협조하지 않습니다.

신병주 홍복원과 같은 느낌의 인물을 딱 떠올리면 일제강점기 때 이완용[5]이 있죠. 홍복원은 처인성 전투가 있었던 제2차 침입 때 몽골군의 길잡이 역할을 했고, 그 후에도 제6차 침입까지 다섯 번이나 몽골군과 함께 고려로 들어왔어요.

이윤석 제2차 침입에서 제6차 침입까지 꼬박꼬박 다 참가한 사람은 몽골인도 드물 거 같은데요?

최원정 그러면 전황을 계속 살펴볼까요?

> † 홍복원이 원으로 도망가자 이에 그의 아버지 홍대순과 처자(妻子), 동생 홍백수를 사로잡고 나머지 백성들은 모두 해도(海島)로 이주시키니, 서경은 마침내 폐허가 되었다. (……) (홍복원이) 고려[本國]를 모함하면서 몽골군을 따라 왕래하자, 최이가 이를 근심하여 홍복원의 마음을 기쁘게 하고자 홍대순의 관직을 대장군으로 삼았다.
> —『고려사』「홍복원 열전」

끝나지 않는 몽골의 침략

이익주 1235년에 몽골의 제3차 침입이 바로 시작됩니다. 이 침입은 앞선 제1차 침입이나 제2차 침입과는 양상이 다른, 5년 동안 계속될 정도로 대규모 침략이었습니다. 따라서 고려가 입은 피해가 커질 수밖에 없었습니다.

신병주 제3차 침입 때는 전라도와 경상도 같은 내륙 지역까지 몽골군이 쳐들어옵니다. 백성들의 피해도 말할 것도 없으려니와, 귀중한 문화재도 이때 많이 파괴됐어요. 대표적인 것이 신라의 자존심이자, 고려 시대까지도 경주의 상징이라 할 수 있는 경주의 황룡사[6]와 황룡사 9층 목탑입니다.

최태성 이때 우리의 또 다른 자랑이라고 할 수 있는, 저항의 상징인 팔만대장경을 만들죠. 그전에 거란이 침입했을 때도 부처님의 힘

추정 복원도

황룡사 터와 황룡사 추정 복원도

을 빌려 거란을 막겠다고 해서 만든 대장경이 있는데, 초조대장경이라고 아실 거예요. 초조대장경은 문자 그대로 처음 만들어진 대상경이라는 말이잖아요. 이 초조대장경이 몽골의 제2차 침입 때 불타 없어집니다. 그래서 방금 얘기한 대로 몽골의 제3차 침입 때 다시 만들죠. 최우가 고종 23년에 대장도감을 설치해 재조 대장경, 즉 팔만대장경을 다시 간행합니다.

해인사의 대장경 목판 보관 장소

신병주 이때 정세에 변수가 생겨요. 침공을 주도한 몽골의 우구데이 칸이 1241년에 사망합니다. 그러고 나서 내분이 생겨 대칸의 자리가 5년 동안 공석이 되죠. 그 바람에 그 기간에는 본격적인 침략이 이루어지지 않습니다. 그러다가 1246년에 구육 칸이 즉위하면서 1247년에 제4차 침입이 시작됩니다. 근데 또 고려로서는 정말 행운이었던 게, 구육 칸은 즉위한 지 2년 만인 1248년에 죽어요. 그래서 몽골군이 고려에서 또 철군했기 때문에, 이런 상황이 여러 차례 반복되니까 고려로서는 오랫동안 계속 버틸 수가 있었던 거죠.

이익주 실제로 몽골 대칸의 죽음은 고려뿐 아니라 세계 여러 곳에 행운을 가져다줍니다.

최원정 다행이라면서 한숨 돌리는 나라가 많았겠네요.

이익주 우구데이 칸이 죽었을 때는 칭기즈 칸의 손자인 바투라는 사람

우구데이 칸 칭기즈칸의 셋째 아들로, 몽골 제국의 제2대 대칸이다.

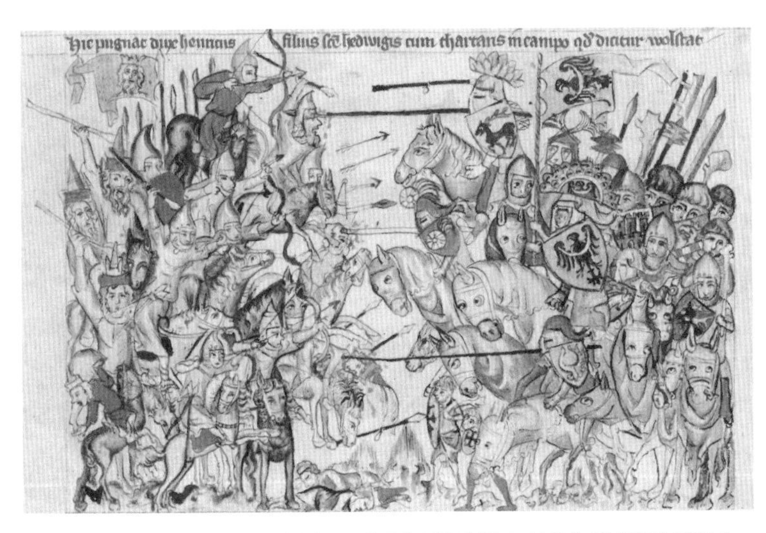

레그니차 전투 1241년에 폴란드의 레그니차에서 몽골군은 폴란드군을 격파했다. 비슷한 시기에 헝가리의 모히에서 벌어진 전투에서도 몽골군은 헝가리군을 물리쳤다.

이 헝가리 쪽을 공격하고 있었는데, 대칸의 사망 소식을 듣고 전투를 중단해 버립니다. 그러면서 헝가리를 비롯해 서유럽이 몽골군의 침략을 모면하죠. 유럽인들에게는 정말로 신의 가호였을 겁니다.

고려 뉴스: 몽골의 제5차 침입

이광용　여러분, 속보를 전해 드리겠습니다. 1253년 7월에 몽골이 또다시 고려를 침략했습니다. 벌써 다섯 번째 침입입니다. 몽골이 밝힌 이번 침입의 배경은 집권자인 최우가 죽은 후에도 고려가 개경으로 환도하지 않았다는 겁니다. 이번 침입을 이끄는 몽골 지휘관은 칭기즈 칸의 조카로 예쿠 대왕으로 불리는 인물입니다.

최원정　전세가 지금 어떻게 되는 거예요?

이광용　이번 제5차 침입의 몽골은 이전의 그 몽골이 아닙니다. 일단 금나라와 전쟁을 치르면서 사다리차인 운제와 성 너머로 돌을 던져 보내는 발석차 같은 공성 무기를 사용하게 됐습니다. 그리고 요즘으로 치면 수류탄과 비슷한 발화 무기까지 개발했습니다. 게다가 몽골은 거란과 여진 등 정복당한 국가와 민족들의 군사들까지 이번 전쟁에 참여하게 하고 있습니다.

이윤석　오랜 세월 전 세계 각지에서 쌓아 온 각종 노하우를 모두 습득한 정예병과 연합군들이겠네요.

이광용　몽골의 이번 침입 경로는 지금까지 몽골이 침입해 온 경로와 유사합니다. 몽골군은 제5차 침입을 포함해 대부분 경상도를 향해 가는 경로를 택하고 있습니다. 교수님, 특별한 이유가 있는 건가요?

몽골의 운제와 발석차, 발화 무기

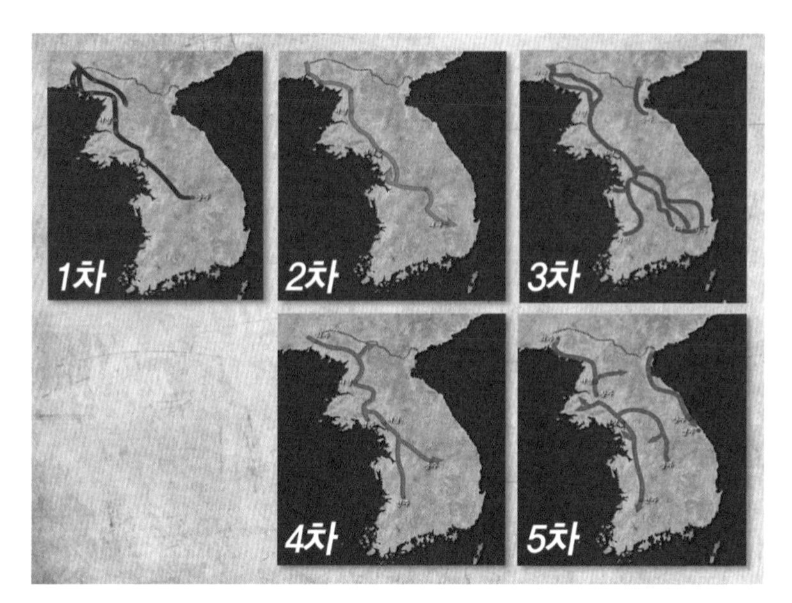

다섯 차례에 걸친 몽골의 침입 경로

이익주 그 당시에 몽골은 고려와 남송, 일본이 연합할 가능성, 다시 말해 해상 동맹을 맺을 가능성을 염두에 두고 그러한 사태를 차단하기 위해 경상도 쪽으로 공격 방향을 결정한 것으로 보입니다. 한반도와 옆에 있는 일본까지도 하나로 묶어 놓고 공격했을 가능성이 높죠. 그래서 의주로 들어와 한반도를 비스듬히 가로질러 일본으로 건너갈 수 있는 경상도 해안 쪽을 향한 겁니다.

류근 공교롭게도 거꾸로 보면 임진왜란 때 일본이 쳐들어온 경로와 너무 똑같아요.

이광용 그래서 경상도를 향해 가는 길목에 있는, 남북을 잇는 교통의 중심인 충주가 양국의 전략적 요충지가 될 것으로 보입니다. 예쿠는 춘천과 원주를 거쳐 10월에 충주로 향해 가는 상황인데, 전세를 가를 거점인 충주의 운명은 과연 어떻게 될까요?

충주성 전투, 그곳에도 김윤후가 있었다

1253년, 몽골의 제5차 침입이 시작된다.
몽골군은 철원과 춘천, 원주 등을 유린하고
파죽지세로 마침내 충주에 당도한다.

충주성의 지휘관은 바로 21년 전에
처인성 전투를 승리로 이끌었던 김윤후.

김윤후와 충주 백성들은 몽골군에 맞서 분전하지만,
성이 포위된 지 70여 일이 지나자 식량이 떨어진다.

기약 없이 계속되는 전투에
백성들이 점차 동요하기 시작하자
결국 김윤후는 특단의 조치를 취하는데…….

충주성 전투: 김윤후의 재등장

최원정 위기의 고려, 하지만 믿을 만한 구석이 생겼습니다. 21년 만에 김윤후가 다시 등장하네요.

이윤석 두 달 넘게 성 안에서 방어했다고 하는데, 달리 생각하면 두 달 동안 갇혀 있었다고 볼 수가 있기 때문에 백성들이 동요하는 것도 당연한 일 같아요.

신병주 충주성을 포위하고 나서 그다음 달에 예쿠가 몽골로 돌아갑니다. 몽골 지배층 내부에서 분란이 일어나 그쪽 일이 더 급했던 거죠.

이익주 예쿠가 돌아간 다음에 지휘를 맡은 사람이 바로 홍복원입니다.

류근 어쨌든 그래도 김윤후는 여기서 조금만 더 버텨 보면, 한 번만 더 일어나 보면 이길 수 있다는 신념을 갖지 않았을까 하는 생각이 들기도 합니다.

최태성 성 안의 식량이 떨어진 상황에서 김윤후는 특단의 조치를 내립니다. 당시 백성의 절반이 노비로 추정되는데, 그들 앞에서 김윤후가 노비 문서를 꺼냅니다. 그리고 불을 피워 노비 문서를 태우며 다음과 같이 말하죠. "여러분, 내가 귀천을 따지지 않고 관직을 제수할 것이오. 모두 열심히 싸워 주시오."

최원정 와, 지금 보니까 백성들의 사기를 북돋워 주는 데는 이렇게 좋은 방법이 없겠네요.

최태성 기록에 따르면 이렇게 나와요. "김윤후가 백성들을 설득한 뒤 관노 문서를 가져다 불살라 버리고 노획한 마소를 나누어 주었다. 사람들이 모두 죽음을 무릅쓰고 적에게 돌진하니 몽골군은 조금씩 기세가 꺾여 더는 남쪽으로 나아가지 못했다." 이렇게 해서 몽골군의 남진을 막아 내는 데 성공한 거죠.

최원정 죽음을 무릅쓰고 싸웠다니, 진짜 감동적인 얘기네요. 자유를 열망하는 힘이 대단합니다. 그 열망 때문에 역사가 바뀐 거고요.

이윤석 평소에는 순한 백성들일지라도 화나면 무섭습니다. 싸워야 할 이유를 찾으면 무서워지는 거예요.

류근 근데 실제로 노비 문서를 태웠다는 거죠? 정말 통쾌하네요.

최태성 제가 볼 때는 엄청난 행위거든요. 그러니까 눈앞에서 관노 문서가 없어지는 걸 확인한 사람들이 '그래, 그럼 싸워 보자!' 하고 마음을 먹은 거고요.

이윤석 김윤후가 정말 뛰어난 무장이에요. 처인성 전투 때는 적장을 사살해 적의 사기를 떨어뜨리고, 이번에는 노비 문서를 태워 우리 편의 사기를 드높이잖아요.

류근 백성들이 두 달간 성 안에 갇혀 얼마나 지치고 힘들었겠어요. 그럴 때 김윤후가 정말 대단한 리더십을 보여 준 겁니다.

이익주 충주에서 거둔 승리는 몽골군이 경상도 지역으로 들어가는 것을 막음으로써 경상도를 전화로부터 구하는 아주 결정적인 역할을 했습니다. 또한 충주 옆에 있는 다인철소라는 곳에서 충주의 승리에 이어 또 한 번 승리를 거두는데, 이 두 번의 승리는 몽골군이 제5차 침입을 끝내고 돌아가게 하는 계기를 만들었다는 점에서 대단히 중요한 의미가 있습니다. 그 당시에 김윤후는 높은 관직에 있었던 것이 아니고, 정6품 낭장 관직에 있으면서 충주 산성방호별감이라는, 수비 역할을 맡은 임시 관직으로 파견되었습니다. 근데 충주에서 노비 문서를 불태우는 아주 파격적인 결단을 내림으로써 세계 최강의 몽골 군대를 처인에 이어 두 번이나 막는 성말 대단한 업적을 이룹니다.

충주성 전투 승전, 그 후

류근 근데 저는 아까부터 걱정되는 게 있어요. 노비 문서 소각이 일개 승려 출신의 장수가 할 수 있는 약속인가요? 전쟁 중이라고는 해도 어쨌든 고려 시대가 엄연히 신분 사회인 건 분명하지 않습니까? 그래서 실제로 그 약속이 실현됐을지도 궁금해요. 다급한 와중에 그냥 공수표를 남발했을 수도 있는 거 아닙니까?

신병주 김윤후가 추진한, 노비 문서를 소각하겠다는 약속은 실제로 지켜집니다.† 임진왜란 때를 보면 류성룡이 면천법을 강하게 주장해요. 천민이 전쟁에서 군공을 쌓으면 신분 해방을 해 주고 관직을 주자는 내용이죠. 그래서 어느 정도는 시행되지만, 아무리 전쟁 통이라도 천민을 그렇게 승진시키면 안 된다는 논의가 훨씬 더 많아요. 결과적으로 보면 시행하는 데 상당히 어려움이 많았죠. 그래서 신분 이동에 관한 면은 고려가 확실히 좀 더 개방적이었다고 할 수 있습니다. 확실하게 포상 정책을 씀으로서 분발하게 해서 능력을 끌어냈죠.

최태성 정말 고려니까 가능한 일이 아닌가 하는 생각이 드네요.

이익주 이렇게 노비를 해방해 가면서까지 전력을 키우는 걸 보면 실용적이었다고 생각할 수 있죠. 고려가 몽골과 외교를 할 때도 지키지 못할 약속을 해서 몽골이 물러가면 또 그 상황를 이용해 협상을 하고요.

최태성 결국 지역 포상의 일환으로 충주가 국원경으로 승격됩니다. 고려의 대몽 항쟁 기간 중에 지역이 집단으로 포상을 받아 승격한 사례가 네 차례가 있는데, 그중에 김윤후가 참전한 처인성 전투와 충주성 전투가 들어갑니다. 대단한 거죠.

신병주 정리하면 처인부곡은 처인현으로, 충주는 국원경으로 승격했죠.

최원정 지역 승격 전문가군요.

류근 강화도에 들어간 자들을 칭찬하고 싶은 생각은 별로 없는데, 고려 조정이 어쨌든 기본은 한 거 아닙니까? 처인성 전투도 그렇고 충주성 전투도 그렇고 기본은 한 거잖아요. 방호별감이라도 보내서 백성들을 인도하게 한 셈인데, 이쯤 되면 김윤후에 대한 포상도 마땅히 있어야 하는 거 아닌가요?

최태성 그렇죠. 그래서 충주성 전투 이후에 김윤후는 감문위 섭상장군의 벼슬에 오르고, 이어 동북면병마사로 임명됩니다. 그다음에 추밀원부사를 거쳐서 수사공 우복야까지 올라가는데, 그 이후의 기록은 없어요.

류근 나름 높은 벼슬을 받은 건가요?

이익주 그럼요. 추밀원부사는 고려의 국가정책을 결정하는 회의인 재추회의에 참석할 자격을 갖는 사람이죠. 수사공 우복야는 상당한 고위 관직으로, 2품 관직입니다.

류근 조선으로 따지면 당상관급인가요?

신병주 판서와 비슷하죠. 지금으로 치면 장관급입니다.

† 군공이 있는 자들은 관노와 백정에 이르기까지 모두 관작을 차등 있게 하사하였다.
—『고려사』「김윤후 열전」

역사에서 잊힌 인물, 김윤후

최원정 지금 시각으로 봐도 대단히 부러운 리더십을 지닌 사람인데, 이렇게 훌륭한 인물을 왜 우리가 그동안 잘 몰랐을까요?

신병주 후대의 역사는 김윤후가 높이 평가받기에는 상당히 불리한 여건으로 지속됩니다. 원 간섭기에는 몽골에 저항한 인물이니 제대로 평가받기가 어려웠고, 조선 시대에는 신분이 승려인 김윤후가 크게 활약한 것을 인정하려는 분위기가 별로 없었죠. 하지만 조헌이 의병을 모집하는 격문에 김윤후를 언급할 정도로 그 당시에 많은 백성 사이에서, 특히 의병장 같은 사람들 사이에서는 김윤후가 대몽 항쟁의 상징으로 분명히 회자되었다는 거죠.

최태성 정말 역사 바로 세우기가 따로 있는 게 아닙니다. 이렇게 역사 속에서 알려지지 않은 인물들을 적극적으로 발굴해 내는 게 중요하지 않은가 하는 생각이 들어요.

류근 김윤후라는 이름을 새롭게 기억해야겠지만, 그에 못지않게 같이 싸웠던 처인성의 백성들과 충주성의 노비들까지 같이 기억해야겠다는 생각을 새삼 또 하게 됩니다.

이윤석 기억하고 싶지는 않지만, 홍복원이라는 이름도 좀 기억해야겠다는 생각이 들어요.

류근 맞아요. 그 이름도 잊으면 안 됩니다.

이익주 김윤후라는 이름은 단순히 두 번의 승리 때문에 기억되는 것이 아닙니다. 두 번의 승리가 모두 처인부곡민들과 충주 산성의 관노들 같은, 보통보다 못한 사람들을 전투에 함께 참여하게 하면서 얻어 낸 승리라는 점에서 더 값진 면이 있습니다. 그래서 고려가 몽골의 침략에 맞서 30년 동안 저항한 것을 두고 이렇게 평가합니다. "다른 나라들은 모두 군인들이 나와 싸웠는데, 고려는 모든 사람이 나와 싸웠다."

신병주 우리가 흔히 조선 시대의 의병을 조선 시대만의 독자적인 상황에서 나온 것으로 판단합니다. 그런데 김윤후가 백성들을 이끌고 몽골에 저항했던 정신을 본다면 조선 시대의 의병 정신도 그 뿌리가 바로 대몽 항쟁에 있다는 걸 확인할 수 있죠.

최원정 대몽 항쟁의 장면들을 통해 신분제 사회 속에서 정말 온갖 천대를 받았던 백성들이 이 땅의 진정한 주인임을 느낄 수 있었습니다. 그리고 그 선두에 있었던 김윤후의 이름과 그 이야기를 절대 잊어서는 안 되겠습니다.

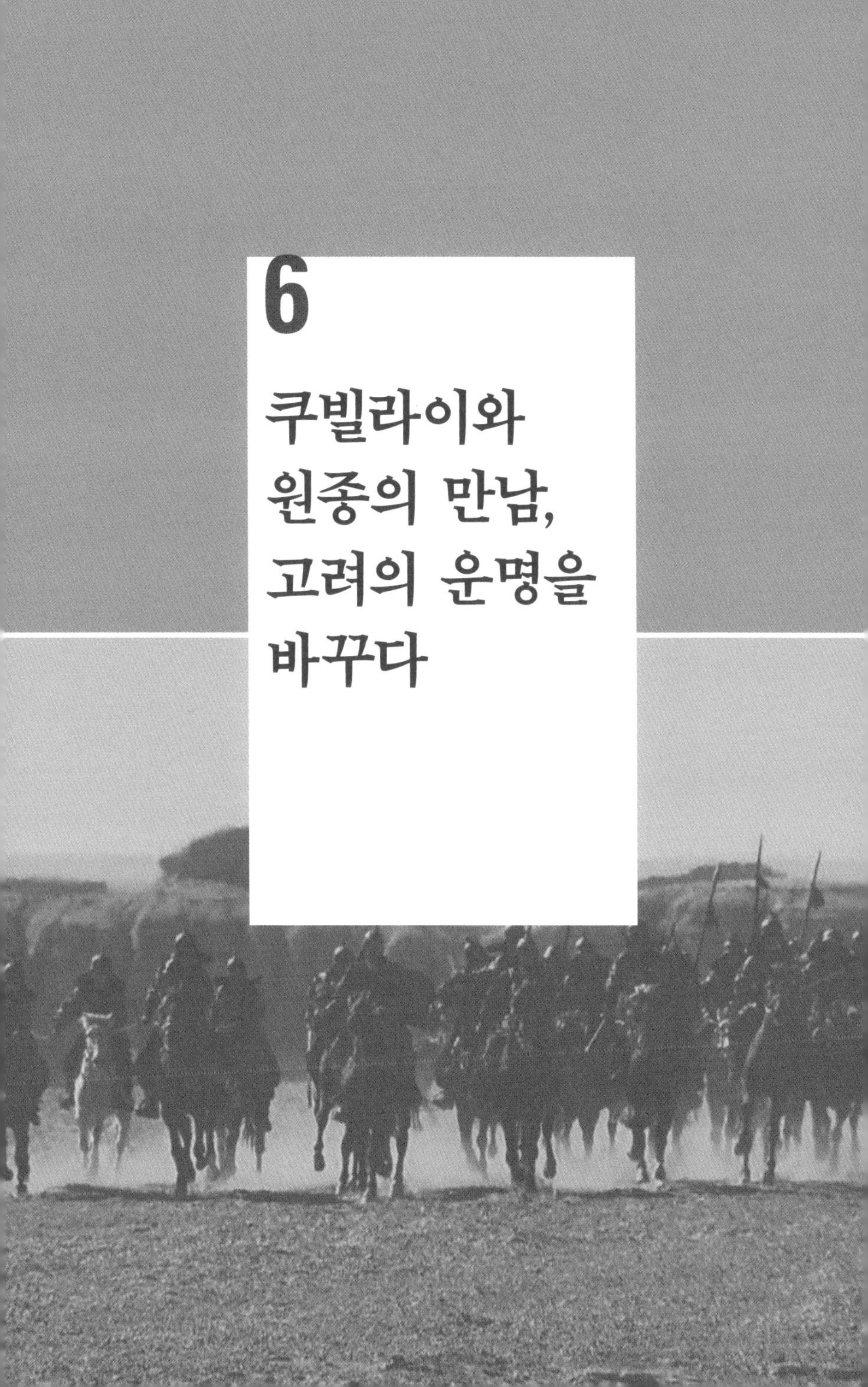

6

쿠빌라이와 원종의 만남, 고려의 운명을 바꾸다

처인성에서 승리를 거두고 몽골군을 물리치는 데 성공했지만, 몽골의 침략은 멈추지 않았다. 1235년의 제3차 침입과 1247년의 제4차 침입, 1253년의 제5차 침입에 이어 1254년에 제6차 침입이 시작되었다. 고려가 장기간 버틸 수 있던 요인으로는 최씨 정권을 중심으로 결집된 항전론, 산성·해도입보책의 효과, 일반 민과 관노 등 전 신분층의 전쟁 참여 등을 꼽을 수 있다. 하지만 그에 못지않게 당시 몽골의 주공격 대상이 고려가 아니라 금과 남송이었던 점, 몽골이 내부 사정으로 간간이 전쟁을 중단함으로써 적지 않은 휴식 기간이 있었던 점도 영향을 끼쳤다. 실제로 제1차 침입에서 제4차 침입까지는 몽골군이 해를 이어 고려에 주둔한 적이 없었다. 그런데 제6차 침입부터 양상이 달라졌다. 몽골군이 돌아가지 않았던 것이다.

몽골군의 전략이 바뀌면서 고려의 피해는 더 커졌다. 특히 가을철 수확을 거두지 못하게 된 것이 큰 타격이었다. 그러나 강화도 조정은 특별한 대책을 세우지 않았다. 각 지방에서 세금 징수는 여전했고, 세금 독촉에 지친 사람들이 몽골군을 오히려 반길 정도였다. 강화도에 들어간 지배층이 향락에 젖어 호화로운 생활을 하는 것은 전쟁 초부터 한결같았다.

점차 일반 민들이 항몽전의 대열에서 이탈하기 시작했다. 몽골에 항복하는 사람들이 생겨났고, 그렇게 항복한 지역을 몽골이 자국 영토에 편입하는 일이 벌어졌다. 1258년의 쌍성총관부 설치가 대표적이다. 이를 계기로 강화도 조정에서는 계속 싸울 것인지 강화할 것인지를 둘러싸고 논쟁이 벌어졌고, 결국 강화파가 항전을 고집하는 최씨 정권을 무너뜨리고 협상에 나섰다. 그 결과 국왕을 대신해 태자를 몽골에 파견하는 조건으로 강화가 성립되었다. 1259년의 일로, 전쟁이 시작된 지 28년만이었다.

마침 몽골에서는 뭉케 칸이 죽고 뭉케 칸의 두 동생 쿠빌라이와 아릭부케의 후계 다툼이 막 시작되고 있었다. 태자는 쿠빌라이를 찾아갔고, 쿠빌라이는 고려 태자가 자기에게 온 것이 하늘의 뜻이라며 기뻐했다. 그 기쁨에 비례한 외교적 실리는 고려의 몫이었다. 이 만남에서 고려는 국가의 유지를 약속받았다. 28년간에 걸친 전쟁에서 사실상 패배한 고려가 얻을 수 있는 최대의 성과였다. 당시에 고려는 몽골과 책봉-조공 관계를 맺고자 했다. 고려 전기에 거란 및 금과의 관계에서 줄곧 유지했던 외교정책이었다. 문제는 쿠빌라이가 이를 받아들일까 하는 점이었다.

태자가 쿠빌라이를 만나는 동안 고려에서 국왕 고종의 부음이 전해져 오자 쿠빌라이는 태자를 고려국왕으로 책봉해 귀국시켰다. 또한 고유의 풍속을 유지하게 해 달라는 고려의 요청을 받아들였다. 풍속의 유지는 곧 국가의 유지로 해석되었다. 태자가 귀국한 뒤에 원은 중통이라는 연호를 사용하게 했다. 이로써 책봉-조공 관계의 형식이 좀 더 갖추어졌다.

하지만 그것이 끝이 아니었다. 몽골은 자기들의 전통에 따라 여섯 가지를 요구해 왔다. 인질을 보낼 것, 군사를 내어 도울 것, 군량을 수송해 올 것, 양국 사이의 교통로를 확보할 것, 고려의 호구 수를 보고할 것, 다루가치 배치를 받아들일 것 등 이른바 '6사'다. 이 가운데 호구 수 보고와 다루가치 배치는 고려라는 국가의 존립을 위협하는 심각한 문제였다. 이후 고려와 몽골의 외교는 '6사'의 이행 문제를 둘러싸고 치열하게 전개되었다.

그런 가운데 고려에서 정변이 일어났다. 최씨 정권이 붕괴한 후에도 군사력을 바탕으로 연명하던 무신 정권이 강화에 앞장선 원종을 폐위했던 것이다. 하지만 몽골의 압력으로 원종이 복위했고, 원종은 몽골군을 앞세워 1270년에 무신 정권을 무너뜨렸다. 그와 동시에 강화도를 버리고 개경으로 환도했다. 항전을 완전히 포기한 것으로, 이때부터 몽골의 영향력이 강화되었다. '6사'가 차례로 이행되었으며, 고려는 다시 존립의 위기에 몰렸다. 이 위기를 어떻게 극복할 것인가?

고려 태자의 선택은?

이광용 무려 여섯 차례에 걸친 몽골의 침략으로 피폐해질 대로 피폐해진 고려. 1259년 4월 21일, 고려 조정은 강화를 맺기 위해 태자를 몽골의 대칸에게 보냅니다. 당시에 몽골의 대칸은 남송을 공격하기 위해 군대를 이끌고 사천 지역에 머물렀죠. 그래서 고려 태자 일행은 대칸을 만나기 위해 지금의 베이징인 연경을 거쳐 사천 쪽으로 향합니다. 그런데 도중에 정말 뜻밖의 소식을 듣습니다.

수행원 태자 전하, 큰일 났사옵니다. 몽골의 대칸이 얼마 전에 사망했다고 하옵니다.

태자 뭣이라? 허허, 이것 참 큰일 났구먼. 어떻게 하지? 고려로 돌아가야 하나?

수행원 여기까지 왔는데 그냥 돌아갈 순 없지 않습니까?

태자 그렇지. 장례식에 조문이라도 가는 게 나을 거야. 장례식은 몽골의 수도에서 치를 텐데, 몽골의 수도는 울란바토르인가?

수행원 카라코룸입니다.

태자 카라코룸! 낯선 이름이구먼. 그래, 카라코룸에는 그러면 지금 누가 있는가?

수행원 대칸의 막내 동생 아릭부케가 카라코룸에서 국정을 담당하고 있다고 하옵니다.

태자 그거 잘됐구먼. 그러면 아릭부케를 만나 눈도장을 찍고 강화에 관해 협상하면 되겠구먼.

수행원 그런데 그게 쉽지 않습니다. 대칸의 다른 동생으로 쿠빌라이라는 사람이 있는데, 만만치 않은 인물이라고 합니다. 줄 잘못 섰다가 괜히 낭패를 당할 수 있으니 진중히 살피셔야 하겠습

쿠빌라이 칸

니다.

태자 그러면 내가 아릭부케와 쿠빌라이 둘 중에 누구를 만나야 하는 건가? 답답하구먼. 고려의 존망이 달린 문제이니 말일세. 답을 찾아야 하는데…….

이광용 이렇게 고민하던 태자 일행은 방향을 돌려 아릭부케가 있는 카라코룸이 아닌 쿠빌라이가 있는 쪽으로 향합니다. 그리고 마침내 쿠빌라이와 만나죠. 아직 태자 신분이었던 원종과 대칸의 동생에 지나지 않았던 쿠빌라이, 이 두 사람의 만남은 고려의 미래에 어떤 영향을 미치게 될까요?

쿠빌라이는 누구?

최원정 고려 고종의 아들 원종이 태자 시절에 쿠빌라이와 운명적으로 만났네요. 근데 다들 쿠빌라이가 누군지는 아시죠?

마르코 폴로

류근 이유는 잘 모르겠는데, 몽골이라고 하면 칭기즈 칸 다음으로 입에 붙는 게 쿠빌라이예요.

이윤석 칸이라고 하면 칭기즈 칸과 쿠빌라이 칸의 이름이 뇌리에 박혀는 있어요. 그런데 정확히 무엇을 한 인물인지는 잘 몰라요.

최태성 많은 사람이 원이라는 국호를 처음 사용한 사람을 칭기즈 칸으로 생각하는데, 아닙니다. 쿠빌라이 칸이 원이라는 국호를 처음으로 썼죠. 쿠빌라이 칸은 칭기즈 칸의 손자로서 세계사적 인물입니다. 『동방견문록』의 저자 마르코 폴로가 "칸 중의 칸이다."라고 했던 인물이 바로 쿠빌라이 칸이죠.

신병주 쿠빌라이 칸은 중국의 한족이 세운 남송을 완전히 멸망시킴으로써 몽골이 중국을 완전히 지배하게 된 계기를 만들었습니다. 대단한 인물이죠.

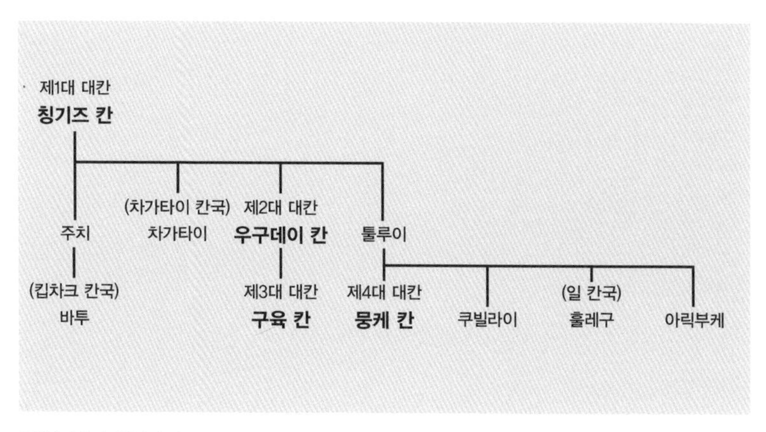

쿠빌라이와 아릭부케의 계보도

쿠빌라이와 원종의 만남

이윤석 그러면 원종이 어떻게 그 대단한 인물인 쿠빌라이를 만날 수 있었을까요?

이익주 고려 태자였던 원종이 몽골의 대칸을 만나기 위해 파견되었다가 아직 대칸위에 오르기 전이었던 쿠빌라이를 만난 겁니다. 그 당시 상황을 보면 뭉케 칸이 죽고 나서 후계자 자리를 둘러싸고 동생들 사이에 싸움이 벌어집니다. 몽골은 적장자 상속이라는 원칙이 없습니다. 몽골의 황족과 귀족들의 합의가 중요하고, 쿠릴타이라는 회의를 열어 그다음 대칸을 추대하는 절차를 밟습니다. 뭉케 칸의 아들들은 모두 어려 두 동생 쿠빌라이와 아릭부케가 경쟁하는데, 그때 쿠빌라이를 고려 태자가 만났던 것입니다.

신병주 왕의 아들로서 후계자가 될 사람을 고려 시대에는 태자, 조선 시대에는 세자로 불렀는데, 드라마를 보면 전형적인 이미지가 있잖아요. 태자 또는 세자는 발랄한 10대나 20대로 묘사되죠. 그런데 원종은 상당히 나이가 든 태자였어요. 이때 이미 불혹을 넘었습니다. 마흔한 살이죠. 파트너가 될 쿠빌라이 또한 이때 이미 나이가 마흔다섯 살이었고요. 그래서 이 두 사람은 나이라든가 경력으로 보면 거의 왕에 버금가는 실력을 행사할 수 있는 위치에 있었죠.

최원정 두 사람 다 무르익은 나이였네요. 판단력도 있었을 거고요.

28년 전쟁의 끝, 강화

류근 근데 아까 보니까 원종의 중요한 용건이 강화였잖아요. 고려는 왜 하필 그 시점에 강화를 결심한 건가요?

최태성 더는 버틸 수 없는 시점이었던 것 같아요. 그전에는 몽골이 쳐들어왔다가 바로 돌아갔잖아요. 그런데 제5차 침입 때는 그냥 눌러앉아요. 정복하겠다고, 항복을 받아 내겠다고 눌러앉으니까 백성들의 삶은 아주 피폐해질 수밖에 없죠. 게다가 고려의 관리들이 와서 이중으로 수탈해 가니까 백성들이 결국 몽골에 투항하는 사례가 빈번해집니다. 따라서 고려 조정에서도 강화를 해야 한다는 목소리가 커질 수밖에 없죠.

류근 정말 백성들은 두 개의 싸움을 하고 있었던 거네요. 몽골과도 싸워야 하고, 고려 관리와도 싸워야 하고, 출혈로 따지면 백성들이 내출혈과 외출혈을 동시에 겪어 과다 출혈로 사망할 지경에 이른 거예요.

이윤석 전쟁이란 게 백성들이 직접 나가서 싸우는 건데, 그 백성의 마음을 사로잡지 못했으니 전쟁이 제대로 되겠습니까?

이익주 강화를 추진하기 한 해 전인 1258년에 아주 중요한 사건 하나가 벌어집니다. 지금의 함경남도 일대에서 고려 사람들이 항복해 오니까 몽골이 그 지역에 쌍성총관부[1]를 설치합니다. 고려 영토의 일부가 몽골 땅이 된 거죠. 그리고 이런 일이 계속 확산된다면 강화도만 남고 육지에 있는 고려의 영토는 전부 몽골 땅이 될

쌍성총관부의 위치

수 있다는 위기감이 일어났겠죠? 그래서 "이제는 강화도 하나를 지킨들 어찌 나라 구실을 하겠는가?"라는 주장이 나오면서 고려 내부에서 강화를 서두릅니다.

최원정 이 전쟁이 도대체 몇 년째예요? 30년 가까이 된 거잖아요.

이익주 정확하게는 28년입니다.

최원정 28년이나 항전했는데, 조금 더 버티자고 주장하는 사람들도 있지 않았을까요?

신병주 이렇게 오랫동안, 거의 30년 가까이 항전한 가장 중요한 원인은 바로 최씨 무신 정권이 계속 이어진 거죠. 최우에서 최항으로, 최항에서 최의에 이르는 최씨 무신 정권으로서는 강화 자체가 바로 자기들의 권력을 모두 잃는 것을 의미했기 때문에 가장 강하게 그 항전을 주장했습니다. 하지만 몽골의 지속적인 침략으

송광사 조계문 어머니의 신분이 미천했던 최의는 한때 송광사에서 승려 생활을 하기도 했다.

로 백성들이 투항까지 해 나가는 현실에서는 계속 항전할 수 없는, 그야말로 진퇴양난의 상황에 빠지죠.

최씨 무신 정권의 붕괴

이윤석 당시에 정권을 잡았던 최씨 무신 정권의 사람들이 계속 반대하면 강화는 못 하는 건데, 원종은 어떻게 태자라는 신분으로 강화하러 몽골의 대칸을 만나러 갈 수가 있었죠?

최태성 최씨 무신 정권이 무너졌기 때문입니다. 1258년에 강화론자의 대표격인 유경이라는 인물과 무신인 김준이 최씨 무신 정권에 반기를 들죠. 이로써 당시에 최씨 무신 정권의 최고 집권자였던 최의가 제거되면서 4대 60년간의 최씨 무신 정권이 무너집니다.

류근 60년이라니, 대단하네요. 보통 "화무십일홍(花無十日紅) 권불십년(權不十年)"이라 해서 "꽃은 열흘 붉은 것이 없고, 권세는 10년을 넘지 못한다."라고 하는데, 한집안이 60년을 집권했다는 것 아닙니까? 그것참, 대단하네요.

최원정 그러면 이제 무신 정권이 막을 내리는 거예요?

최태성 최씨 무신 정권이 막을 내린 거죠.

신병주 최씨 무신 정권만입니다. 영화를 보면 꼭 끝날 것 같은데 안 끝나는 때가 있잖아요. 무신 정권은 아직 끝나지 않습니다.

이윤석 생명력이 끈질기네요. '좀비'처럼 계속 일어나요.

이익주 유경은 군사력이 필요했기 때문에 김준을 끌어들이죠. 그런데 시간이 흐르면서 김준은 같이 거사를 일으킨 문신 유경을 몰아내고 권력의 일인자가 되어 무신 정권을 연장합니다. 최씨 정권에서 김준 정권으로 문패만 바꾼 것이죠.

류근 간판만 바꾼 신장개업이네요. 상호를 몽골반점에서 대원각으로 바꾼 셈이에요. 어쨌든 원종이 몽골의 대칸을 만나러 갈 수 있었던 걸 보면 그래도 김준은 강화에 찬성했나 봐요?

이익주 엄밀하게 이야기하면 찬성했다기보다는 반대하지 못했다는 것이 좀 더 정확한 표현일 겁니다. 김준도 권력을 장악하고 나서 최씨 정권과 똑같은 딜레마에 빠집니다. 더는 싸우기가 어려운데, 그렇다고 해서 강화할 수도 없는 상황이죠. 그런데 한쪽에서는 강화해야 한다고 문신 관료들이 자꾸 주장하니까, 어떻게 보면 김준은 떠밀리듯이 강화 협상에 나섭니다. 그래서 강화의 조건으로 태자가 국왕을 대신해 몽골의 대칸을 만나러 갈 테니 먼저 몽골 군대를 철수하라고 요구합니다. 즉 선회군(先回軍) 후입조(後入朝)라는 유리한 조건을 얻어 낸 다음에 강화가 성립됩니다.

최원정 그러면 원종은 왕도 아닌 태자 신분으로 전쟁을 끝내고 고려라는 나라를 존속하게 해야 하는 큰 부담감이 있었겠네요.

이윤석 보통 중압감이 아니었을 것 같아요. 본인이 어떻게 하느냐에 따라 고려라는 이름이 지도에서 사라질 수도 있고 보존될 수도 있으니까요. 몽골 대칸을 만나러 가는 길이 얼마나 힘들었겠습니까? 요즘처럼 교통이 편리한 것도 아니고, 한참을 걸어갔을 텐데요. 그런데 그렇게 엄청 힘들게 갔는데 정작 만나야 할 대칸은 죽어 버렸네요. 그렇다고 돌아갈 생각을 하니 그것도 아득하고, 대신에 누구라도 만나는 봐야 하는 상황인데 후계자가 정해진 것도 아니고, 오도 가도 못하고 빼도 박도 못하고 매우 어려운 상황이에요.

류근 이 상황이 얼마나 모험적이냐면, 쿠빌라이와 아릭부케가 후계자 자리를 놓고 경쟁하는 상황이잖아요. 자칫 줄을 잘못 섰다간 정말 큰 낭패를 겪을 수가 있거든요. 그리고 괜히 끼어들었다가 아릭부케와 쿠빌라이가 전쟁이라도 벌이면 남의 전쟁에 합세하는 이상한 처지에 놓일 수가 있다는 말이죠.

원종을 반긴 쿠빌라이

최원정 이렇게 애매모호한 상황에서 원종은 어쨌든 쿠빌라이를 만난 거잖아요. 쿠빌라이의 반응은 어땠어요?

신병주 반응이 상당히 좋았어요. 『고려사』의 기록에 쿠빌라이가 고려 태자를 만나면서 한 발언이 있어요. "고려는 옛날에 당 태종이 친히 정벌했어도 굴복시키지 못했는데, 이제 그 나라의 태자가 스스로 나에게 와서 귀부하니 이것은 하늘의 뜻이로다."라고 하면서 아주 크게 칭찬하고 환영했습니다.

이익주 당시 쿠빌라이의 상황을 좀 이해할 필요가 있습니다. 뭉케 칸이 죽었을 때 두 동생이 서로 다음 칸이 되려고 한다면 누구에게 정통성이 있는 것인지 살펴봐야 하는데, 많은 사람이 아릭부케의 손을 들어 줍니다. 아릭부케가 수도인 카라코룸을 지키면서 선

카라코룸에 남아 있는 거북이 석상 카라코룸은 쿠빌라이 칸이 대도로 옮기기 전까지 몽골 제국의 수도였다.

제인 뭉케 칸의 장례를 주관했고, 수도에 많이 모여 살던 몽골의 황족과 귀족들의 지지를 받았던 거죠. 이런 상황에서 고려의 태자가 아릭부케에게 가지 않고 쿠빌라이에게 간 겁니다. 따라서 쿠빌라이는 고려 태자가 자기에게 온 것을 말한 그대로 하늘의 뜻으로 생각했거나, 아니면 적어도 하늘의 뜻이라고 선전할 기회로 만들었을 겁니다.

이윤석 쿠빌라이가 상당히 불리한 상황에 처해 한 표가 아쉬운데, 30년 가까이 항복을 안 하고 버티던 고려에서 태자가 아릭부케가 아니라 자기에게 온 거예요. '지금 큰 흐름이 나를 향해 온다는 증거다.'라는 마음이 아니었을까 싶어요.

류근 아릭부케 쪽에서는 왜 원종에게 먼저 접근하지 않았을까요?

이익주 아릭부케는 고려에는 그다지 신경을 쓰지 않았던 것 같습니다. 그보다는 먼저 좀 더 큰 국가들, 그러니까 유라시아 대륙에 걸쳐

차가타이 칸국의 알루구에게 승리를 거둔 아릭부케 쿠빌라이와 아릭부케의 다툼은 몽골 제국의 분열을 가져왔다.

있었던 여러 몽골 국가의 지지를 어떻게 하면 얻을까 하고 생각했겠죠.

신병주 지역구 관리의 양상이 좀 달랐다는 거죠. 아릭부케는 중앙아시아와 유럽 쪽을 중시하고, 쿠빌라이는 고려, 그리고 나아가서는 일본까지 동방 쪽에 신경을 썼습니다.

이윤석 원종으로서는 헛걸음하고 그냥 돌아갈 뻔했는데, 쿠빌라이라도 만난 게 다행이 아닌가 하는 생각이 들어요. 다만 걱정되는 건 너무 빨리 줄을 선 건 아닌지입니다. 아직 다음 대칸이 정해지지 않은 상황인데 이러다가 나중에 아릭부케가 대칸이 되면 후환이 있을 수가 있잖아요.

최원정 아릭부케냐 쿠빌라이냐에 따라, 어느 줄에 서느냐에 따라 고려의 운명이 달라지는 상황이니까 원종은 얼마나 고민했겠어요. 그런데 과연 이 쿠빌라이와의 만남이 원종에게 득이 됐을까요, 실이 됐을까요?

원종, 고려로 귀환하다

방향을 돌려 쿠빌라이에게 향한 태자는
쿠빌라이와 만나 동행하게 된다.

몇 달 후, 태자는 충격적인 소식을 듣는다.
아버지 고종이 승하했다는 소식이었다.
태자는 고려로 돌아가기로 결심한다.

이에 쿠빌라이는 자기 신하들에게
태자의 호위를 맡기며 특별히 대우한다.
쿠빌라이는 왜 이런 호의를 보였을까?

고종의 죽음

최원정 원종이 길을 떠난 사이에 몽골의 대칸도 죽고 아버지인 고종도 죽었어요. 양쪽의 군주가 다 사망했어요. 어떻게 이런 일이 있을 수가 있죠?

신병주 고려 태자가 몽골로 출발하고 나서 두 달 뒤인 1259년 6월 30일에 고종이 승하합니다. 사실은 뭉케 칸보다 열흘 먼저 사망했죠. 그런데 원종은 뭉케 칸이 사망했다는 소식은 빨리 들었지만, 정작 아버지인 고종이 사망했다는 소식은 제때 알지 못했습니다. 지금 같으면 바로 휴대전화로 문자 메시지가 왔겠지만, 그때는 워낙 길이 멀다 보니까 뒤늦게 고종의 사망 소식을 들었던 거죠.

최원정 남의 상갓집 갈 게 아니라 빨리 고려로 돌아와야 하는 상황이었네요.

쿠빌라이의 호의

류근 그래도 어쨌든 쿠빌라이가 원종을 참 좋게 보긴 한 모양이에요. 자기 부하들까지 시켜 호위해 주잖아요.[†]

이익주 그 당시에 몽골 내부에서 논의가 있었습니다. 생각해 보십시오. 고려 왕이 죽었고, 그 태자가 지금 수중에 있는 상황에서 어떻게 해야 하는가? 이때 염희헌이라는 사람이 다음과 같이 주장합니다. "지금 우리가 저 태자를 고려 왕으로 삼아 귀국하게 하면 단 한 명의 병사도 수고롭게 하지 않으면서 일국을 얻는 것이다." 이렇게 해서 태자를 인질로 잡고 고려를 위협하는 대신에, 고려 왕으로 삼아 귀국하게 했던 겁니다. 몽골의 정복 역사에서 대단히 이례적인 사건이 이 시점에서 발생한 것이죠.

최태성 그러한 사례들을 조금 더 보면 원종이 고려로 떠나고 나서 쿠빌라이가 대칸 자리에 오릅니다. 근데 원종이 개경으로 귀환하던

골프 카트에 동승한 인도와 인도네시아의 두 정상

도중에 한 8일에서 9일 정도 서경에서 발이 묶여요. 이 소식을 들은 쿠빌라이 칸이 "귀국을 방해하는 사람이 있는 거 아니야?" 라는 의혹을 담은 조서를 보냅니다. "만약 다시 반란을 일으켜 윗사람을 해치는 자가 나온다면 이는 자기 임금을 능멸한 것이 아니라 곧 내가 정한 법을 문란하게 하는 것이다."라는 내용이었죠. 그러니까 "너희가 원종을 건드는 것은 곧 나에게 저항하는 거야."라고 하면서 원종에 대한 지지를 명확히 표시한 겁니다.

류근 네 살 차이라고 했죠? 완전히 동네 형님이네요.

최태성 그때 그 둘의 관계를 한번 상상으로 그려 보면 요즘 각국의 친한 정상끼리 골프 칠 때, 같이 모여 골프 카트를 타고 나란히 앉아 직접 운전도 하는 화기애애한 모습이 떠올라요.

류근 그런데 원종이 서경에서 발이 묶였다고 했잖아요. 진짜로 고려 조정에서 귀국을 방해하거나 한 흔적이 있어요?

이익주 김준은 강화를 추진하던 도중에 왕이 죽고 몽골의 대칸을 만나러 갔던 태자가 왕으로 인정받고 돌아오는 상황이 불안했을 겁니다. 자기가 조종할 수 없는 사태로 번져 나갔으니까요. 김준은 몽골의 지원을 받은 태자가 돌아와 왕으로 즉위하면 왕권이 강화될 것으로 예상했을 거고, 그렇게 되면 자기가 권력에서 소외될 수도 있다고 생각했을 겁니다. 그래서 태자의 고려 왕 즉위를 반대하고, 태자의 동생인 안경공 창이라는 사람을 왕으로 올리려고 시도하지만, 강화를 주장한 고려 관료들이 거부합니다.

신병주 안경공을 왕위로 올리려는 김준의 책동을 좌절하게 한 게 "태자가 왕이 되어야 한다."라는 고종의 유언입니다. 그러니까 신하들도 힘을 얻어 선왕의 유명이라며 반대하고, 김준도 명분에서 밀리니까 포기하죠.

이윤석 김준이 나름대로 잔머리를 굴렸는데 실패했고, 쿠빌라이 칸이 원종을 지지한다는 걸 알고 나서는 계속 신경이 쓰였을 것 같아요. 가슴이 철렁했을 겁니다.

최태성 고려로 돌아온 원종은 사절을 보내 쿠빌라이 칸에게 신하가 되겠다고 합니다. 그러자 쿠빌라이 칸은 원종을 정식으로 고려 왕으로 책봉하죠. 책봉이라는 것은 곧 사대 관계를 맺는 건데, 아주 특이한 사례예요. 왜냐하면 몽골은 그때까지 피정복 국가에 왕을 책봉한 적이 거의 없거든요. 그래서 원종과 쿠빌라이의 만남이 매우 의미가 있는 만남이라는 거죠.

신병주 다른 나라와 비교하면, 남송과 같은 중국 왕조는 완전히 멸망의 길을 걷는 데 반해, 고려는 국가 체제를 계속 유지해 나갔다는 점에서 외교적인 측면에서 거둔 승리였다고도 볼 수 있는 장면이죠.

류근 정말 별걸 다 기뻐해야 하는 상황이네요.

이윤석 시원하게 기뻐하기에는 뭔가 애매합니다. 참 곤란하네요.

이익주 늘 강조하지만, 그 당시 상황에서 이해할 필요가 있습니다. 그 당시에 고려가 28년 동안 몽골과 싸우면서 궁극적으로 목표로 삼은 것이 무엇이었을까요? 몽골을 망하게 하는 것이었을까요? 그건 아니었을 겁니다. 그렇다면 고려가 몽골과 어떤 관계를 맺고 국가를 유지할 것인가 하는 문제를 생각했을 텐데, 바로 그 답이 책봉과 조공을 통한 사대 관계라고 한다면 강화의 성사는 전쟁의 성공으로도 볼 수 있는 대목입니다.

신병주 중요한 게 고려 왕이 된 원종이 쿠빌라이 칸과 본격적으로 강화 협상을 하면서 여섯 가지 조건을 제시합니다. 고려가 원하는 조건을 들어 달라고 요구한 거죠.

최원정 고려가 뭘 요구할 상황은 아닐 텐데, 그것도 여섯 가지나요? 뭘 요구했을까요?

† 쉬리다이와 강화상 등이 다루가치가 되어서 왕을 수행하여 왔다.
—『고려사』「세가」 원종 1년(1260) 2월 27일

원종의 대국민 담화: 고려의 여섯 가지 강화 조건

원종 고려 백성 여러분, 드디어 몽골과의 지긋지긋한 전쟁을 끝낼 때가 됐소. 자고로 연애와 외교에서 '밀당'은 필수가 아니겠소? 그래서 짐이 쿠빌라이 칸에게 강화 조건 여섯 가지를 제시했소. 어렵게 준비한 만큼 퀴즈를 내 보겠소. 맞춰 보시오. 고려의 첫 번째 요구는 무엇이겠소?

최원정 의복을 지원해 달라는 것이었을까요?

원종 틀렸소. 고려의 첫 번째 요구는 "의관은 본국의 풍속을 따르며 고치지 않는다."요.

최원정 당연한 거 아니에요? 전쟁에서 졌다고 의복을 다 바꿔야 하진 않잖아요?

류근 아니죠. 그렇게 요구당할 소지가 있죠. 고려가 몽골의 변방에 있는 자치국으로 전락해 버리면 고려의 전통문화와 풍속은 지켜 나갈 수가 없잖아요. 원종의 이런 요구를 이른바 '불개토풍(不改土風)'이라고 하지 않습니까? 고려의 풍습을 바꾸지 않는다는 건 고려의 자존심은 지키겠다는 얘기입니다.

이익주 그렇습니다. 이 첫 번째 요구는 고려의 처지에서 볼 때 대단히 중요한 의미를 갖습니다. 문화를 지킨다는 것은 그 문화가 유지되는 공간으로서의 국가를 지키는 것으로 연결되죠. 그래서 정치와 경제, 사회 등 모든 부문에서 몽골식의 변화를 거부하고 고려의 전통을 지킨다는 것은 곧 그러한 전통을 지키는 고려의 종묘와 사직을 그대로 유지한다는 뜻이 됩니다. 고려의 왕조 체제를 유지할 수 있게 되는 것입니다.

원종 내 말이 바로 그 말이오. 그러면 고려의 두 번째 요구는 무엇이겠소?

류근 강화도 문제겠네요. 개경으로 빨리 환도하겠다는 게 아니었을까요?

원종 허허, 짐을 뭐로 보고! 정답은 "개경 환도를 재촉하지 않는다."요. 때가 되면 알아서 강화도에서 나가 개경으로 환도할 것이니 보채지 좀 말라고 요구했소.

류근 잠깐만요. 그러한 요구를 쿠빌라이 칸이 과연 들어줄까요? 몽골이 빨리 개경으로 환도하라고 재촉하는 판에 "나 건드리지 마라."라는 자세로 나온 거잖아요.

원종 우리 고려가 몽골과 전쟁한 지가 30년이오. 그리고 몽골군의 특징이 뭐요? 싹쓸이 아닙니까? 개경이 허허벌판입니다. 궁궐도 수리해야 하고 갖은 시설을 복구해야 합니다. 그러니 쿠빌라이 칸께 "시간이 필요하니까 준비될 때까지 기다려 주세요."라고 말씀드렸소. 그리고 고려의 세 번째 요구는 "몽골 군대를 철수한다."요. 대단한 조건이 아니요? 몽골 군대가 철수해야 백성들이 안심하고 새롭게 살아갈 궁리를 할 거 아니겠소? 그러면 다음 요구는 최태성 대신이 말해 보시오.

최태성 알겠습니다. 제가 대신 발표하겠습니다. 고려의 네 번째 요구는 "다루가치를 소환한다."입니다.

이익주 전쟁 중에 고려로 파견된 다루가치를 모두 몽골로 돌아가게 하라는 것이죠. 앞으로도 다루가치를 더는 파견하지 않겠다는 약속을 요구하는 것이고요. 다시 말해 몽골이 고려의 내정에 간섭하거나 고려로부터 공물을 수취하지 않겠다는 조건을 요구한 것입니다.

류근 고려가 패전국 맞아요? 거의 승전국의 자세로 뭔가를 계속 요구하는 거 같지 않아요?

최태성 이어서 다섯 번째 요구 한번 보겠습니다. "사신은 몽골 조정에서만 보낸다."

최원정 지나치게 당당하다는 생각이 드는데요. 이 요구는 또 무슨 뜻인가요?

이익주 이 요구는 "외교 창구를 단일화한다."로 표현하면 이해하기 쉬울 겁니다. 앞서 고려가 몽골과 형제 맹약을 맺었을 때 몽골 사신 말고도 몽골의 권력자들이 보낸 사람들이 고려로 와서 물자를 수탈한 적이 있는데, 이런 상황의 재발을 미리 예방하려 한 겁니다.

최태성 원종이 하나하나 참 고민을 많이 했다는 게 보이시죠? 그러면 마지막으로 여섯 번째 요구를 보겠습니다. "전쟁 중에 몽골에 항복한 고려인들을 돌려보낸다."

이익주 전쟁 중에 많은 고려 사람이 몽골에 항복해 몽골로 들어가 살았습니다. 그런데 문제는 이 사람들이 앞장서서 몽골군과 함께 고려를 공격해 왔다는 것이죠. 이런 반역자를 모두 고려로 돌려보내 달라고 요구한 겁니다. 그렇게 하지 않는다면 고려가 사실상 항복한 것이나 다름없는 이 강화 이후에 이 사람들의 영향력이 매우 강화됐을 테니, 그러한 사태를 막으려고 한 거죠.

원종 사실상 항복한 나라가 요구하는 조건이 맞나 싶을 정도로 정말 당당한 강화 조건이 아니겠소? 이익주 대신, 이 강화 조건들이 역사적으로 볼 때 얼마나 의미가 있는지 조금 더 설명해 주시오.

이익주 한마디로 "고려라는 나라를 지킨다."라고 설명할 수 있습니다. 사실상 패배한 전쟁이지만, 고려라는 국호를 그대로 사용하고 왕씨 왕실이 그대로 유지되며 고려의 영토도 지키는 상황을 만들어 내려고 했죠. 불개토풍이라는 말 속에 그 모든 것이 포함되어 있습니다. "고려를 없애지 않는다."라는 약속을 얻어 내려고 했던 것이고, 결국 성공했던 것입니다.

원종 잘 설명해 주었소, 이 대신. 이 정도로 설명했으면 온 백성이 짐의 깊은 뜻을 알아줄 거라고 믿소.

최원정 전쟁에서는 졌지만, 어쩜 이렇게 당당하게 요구할 건 다 요구했는지 진짜 믿기질 않아요.

류근 전쟁에서는 졌는데도 절대 비굴하지 않다는 점이 고려의 대단한 점 같아요.

신병주 몽골로서도 다른 나라는 쉽게 정복했는데, 고려는 30년 가까이 계속 줄기차게 저항하니까 요구 조건 안 들어주고 또 한 번 전쟁을 벌이느니 차라리 수용하는 쪽으로 갑니다. 자기들도 피곤하거든요. 결과적으로 항전의 역사가 이러한 일을 가능하게 한 겁니다.

최원정 쿠빌라이 칸으로서는 원종에게 신뢰가 있다고 하더라도 요구 조건을 보면서 좀 불쾌해했을 것 같은데요.

이익주 그렇지 않습니다. 쿠빌라이 칸은 이 여섯 가지 요구를 거의 들어줍니다. 다만 여섯 번째 요구, 즉 몽골에 투항한 사람들을 돌려보내 달라는 요구에 대해서만큼은 "지금까지 투항한 사람은 어쩔 수 없고, 앞으로 투항하는 사람은 받지 않겠다."라는 정도로 부분적으로 수용합니다.† 전체적으로 볼 때는 고려의 요구를 다 받아들인 거라고 할 수도 있습니다.

† 자원해서 이곳에 의탁한 자 10여 명은 어디에 정착해 사는지 (고려에서) 온 사신들도 모르니 철저히 조사할 것이며, 지금부터는 이처럼 여기에 머물겠다는 자가 있으면 허락하지 않을 것이다.
—『고려사』「세가」 원종 1년(1260) 8월 17일

원종과 쿠빌라이의 만남, 의도인가, 우연인가?

이윤석 그런데 쿠빌라이 칸은 원종의 어디가 그렇게 마음에 들었을까요? 요즘 말로 일종의 '브로맨스(bromance)' 관계인데, 결과를 놓고 보면 원종이 쿠빌라이를 만난 것은 애초에 의도적인 행동이었을지도 모르겠다는, 계산된 행동이었을 수도 있겠다는 생각이 자꾸 들어요. 원종이 정치 감각이 매우 뛰어난 사람이 아니었을까 하고 자꾸 의심하게 됩니다.

류근 고려가 몽골과 왜 전쟁했는지를 살펴보면 정보력의 부재가 빼아

프거든요. 근데 몽골 사람들도 누가 다음 대칸이 될지 모르는 판에 머나먼 타지로 간 원종이 뭘 알고서 쿠빌라이에게 줄을 섰겠습니까?

최태성 쿠빌라이 주변에 한인 관료가 꽤 많았다고 해요. 아무래도 고려 왕실에서는 정보를 빼낼 때 몽골 사람들보다는 한인 관료층을 통할 거 아니에요? 그런데 그 한인 관료들이 쿠빌라이에게 매우 우호적이었기 때문에 쿠빌라이가 아릭부케보다 유리하다는 정보를 많이 주었겠죠. 그래서 원종이 '어, 그러면 쿠빌라이 쪽에 한번 대 볼까?'라고 생각하는 상황이 만들어지지 않았나 하는 생각은 들어요.

최원정 쿠빌라이를 지지하는 한인 관료층의 의도가 개입이 됐을 수도 있다는 말씀이시군요. 이익주 교수님께서는 어떤 의견을 가지고 계세요?

이익주 원종이 의도적으로 찾아갔을 수도 있고, 우연한 만남일 수도 있습니다. 문제는 무엇이 맞는지 판정할 수 있는 자료가 거의 없다는 점인데, 다만 그 당시에 원종과 쿠빌라이의 동선을 아주 면밀하게 복원해 보면 좀 추측할 수 있지 않을까 하고 생각해 봅니다. 지도를 보시죠. 쿠빌라이는 아릭부케를 공격하기 위해 악주[2]라는 지역에서 출발합니다. 한편 고려의 태자 원종은 뭉케 칸이 사망했다는 소식을 육반산이라는 곳에서 듣고 개봉[3] 쪽으로 발길을 돌립니다. 북쪽으로 올라가던 쿠빌라이도 개봉을 거쳤겠죠. 두 사람이 만난 지점을 사료에서는 양초지교(梁楚之郊)로 부르는데, 최근 연구에서는 개봉에서 130킬로미터 정도 떨어진 지점으로 봅니다. 그렇다면 원종이 일단은 개봉까지 갔다가 다시 양초지교까지 130킬로미터를 더 이동했다고 봐야겠지요. 우연히 만난 게 아니라 일부러 찾아가지 않았으면 못 만났을 겁니다. 즉

원종과 쿠빌라이의 이동 경로

이때의 이동 경로를 보면 원종은 이미 쿠빌라이 쪽에 서기로 마음을 먹었던 것 같습니다.

최원정 당연한 얘기 같아요. 저 넓은 땅에서 어떻게 우연히 만나요? 모래밭에서 바늘 찾기보다 더 어려울지도 모르는데 말이죠. 다만 그 당시에는 소셜 네트워크 서비스(SNS)가 있었던 것도 아닌데, 쿠빌라이가 이동한다는 소식을 어떻게 알고 쫓아가 딱 마주쳤을까요?

류근 어찌 되었든 결론적으로 보면 고려의 국운이 엄청나게 좋았다는 얘기에요. 원종이 외국 땅에서 쿠빌라이를 만난 덕분에 수렁에 빠진 나라를 건졌잖아요.

신병주 결과적으로 보면 우연이라는 상황을 필연으로 만든, 기회를 포착한 원종의 능력 덕분이죠. 우연이든 필연이든 쿠빌라이를 만나 우호적인 관계를 맺음으로써 이후에 유리하게 협상해 나갈 수 있는 원동력을 얻었고요. 원래 의도한 대로 뭉케 칸을 만난 것보다도 훨씬 더 큰 수확을 얻은 겁니다.

최원정 그 운이라는 게 항상 간절한 편에, 노력하는 편에 서잖아요.

류근 갑자기 이런 노래 가사가 생각나지 않습니까? "우리 만남은 우연이 아니야. 그것은 우리의 바램이었어." 원종과 쿠빌라이 칸의 관계를 나타내는 주제곡으로 정말 딱 알맞습니다.

몽골의 여섯 가지 요구

최원정 그러면 쿠빌라이 칸은 원종의 요구를 거의 받아줬는데, 그 대가로 뭘 요구했나요?

신병주 정말로 공평하게 쿠빌라이 칸도 크게 여섯 가지를 요구해요. 6 대 6입니다. 납질(納質), 인질을 보내라는 요구입니다. 조군(助軍), 군사를 보내 도우라는 요구죠. 수량(輸糧), 군량을 수송해 오라는 요구이고, 설역(設驛), 역참의 개설을 요구합니다. 몽골이 교통로 확보를 대단히 중시하죠. 그다음은 공호수적(供戶數籍), 고려의 호구를 조사해 보고하라는 요구이고, 여섯 번째는 치다루가치(置達魯花赤), 다루가치를 두라는 요구입니다.

이윤석 다루가치 문제가 첨예하게 부딪히네요. 원종이 내건 조건은 다루가치를 좀 없애 달라는 거였는데 말이죠.

최원정 고려가 저 조건을 다 이행했을까요? 열심히 이행했나요?

이익주 저걸 이행하면 고려가 아니죠. 저 조건들을 6사라고 하는데, 원종이 즉위하고 나서 3년이 지난 뒤부터 요구해 오기 시작합니다. 저는 이 대목에서 고려의 외교력이 상당히 빛을 발한다고 생각합니다. 그 당시에 고려는 저 조건들을 받을 수 있는 것과 받아서는 안 되는 것으로 나눕니다. 그러고는 여섯 가지 조건 중에 두 가지, 즉 인질을 보내라는 요구와 역참을 설치하라는 요구는 이미 이행했다고 주장합니다. 전쟁 중에 고려의 왕족 가운데 몽골의 인질로 들어간 사람이 있거든요. 역참을 설치하라는 것은 개경에서 몽골 수도까지 가는 교통로를 확보하라는 건데, 고려

© Metropolitan Museum of Art

패자 패자는 역참을 이용할 수 있도록 몽골이 발행한 통행증이다.

에는 이미 교통로가 있으니까 이것으로 이행한 셈 치자는 거고요. 또한 다른 두 가지 요구는 필요하면 하겠다고 합니다. 군대와 군량은 요구하면 보내겠다는 거죠. 하지만 호구조사와 다루가치 설치 문제는 언젠가는 하겠다고 답합니다. 호구조사 결과를 보고한다는 것은 고려의 국세를 그대로 노출하는 것이 되고, 다루가치를 두면 고려의 내정에 끊임없이 간섭할 테니 국가를 유지하는 의미가 반감되기 때문이죠. 이렇게 여섯 가지 요구를 둘씩 묶어 세 묶음으로 만든 다음에 이미 했다고, 앞으로 하겠다고, 언젠가 하겠다고 하는 식으로 대응해 나갑니다.

류근 우리가 외교적 수사라는 말을 쓰잖아요. 그런데 고려를 보니까 정말로 예술의 경지에 오른 외교에 합당한 언어를 구사하네요.

이윤석 언젠가는 하겠다고 답했는데, 해석이 달랐을 거예요. 몽골은 한 1년 안으로 생각하고, 고려는 50년 후나 100년 후 정도로 길게 봤을 겁니다.

이익주 6사에는 그렇게 대응하면서도 다른 한 가지, 즉 국왕이 친조를 하라는 요구는 받아들입니다. 그래서 원종 5년에 고려 왕이 몽골에 가서 우리 역사상 처음으로 친조를 합니다. 쿠빌라이 칸을 만나고 오죠.

류근 오, 확실히 둘이 친한 게 맞아요. 그동안 친조를 안 하겠다고 그렇게 전쟁을 했던 거잖아요. 근데 유독 친조만 받아들이는 걸 봐서는 뭔가 있어요. 둘이 보통 관계는 아니에요.

최원정 느낌이 친조가 아니라 정상회담 같은데요?

신병주 표현이 친조라서 그렇지, 이렇게 관계가 우호적일 때의 친조는 지금의 정상회담과 크게 다를 바가 없죠.

이윤석 아무리 그렇다고 해도 6사의 이행을 언젠가 하겠다며 미루는 게 너무 막연하잖아요. 몽골이 계속 기다리고만 있을 수는 없을 것 같은데 말이죠.

최태성 저는 원종이 6사를 어느 정도는 들어주려고 노력했을 것 같아요. 그런데 그럴 수 없는 상황이었죠. 왜냐하면 왕권이 아직 완벽하게 회복된 상황이 아니거든요. 무신 정권이 아직 끝난 게 아니잖아요. 김준을 중심으로 하는 무신 정권이 여전히 버티고 있으니까 그들이 저항하는 모습을 계속 보인다면 6사를 이행하는 데 한계를 보일 수밖에 없죠.

류근 그러면 원종과 김준은 아직 갈등상태에 있는 거죠? 무신 정권과 왕실은 어차피 본질적으로 불화할 수밖에 없는 거 아닙니까? 어떻게 진행되는지 좀 궁금하네요.

최원정 강화와 항쟁 사이에서 매우 위태롭게 공존하는 두 세력인데, 이 불안한 동거가 과연 계속될 수 있을까요?

원종의 반격

무신 정권의 최고 권력자로서
원종과 대립하던 김준.
원종은 고심 끝에 김준을 제거하려 한다.

원종의 뜻에 따라 암살을 계획한
무신 임연은 큰 몽둥이를 궤짝에 넣어
선물처럼 꾸미고 궁궐 안에 숨긴 후
김준을 죽일 기회를 노린다.

마침내 임연을 비롯한 원종의 측근들은
왕명이라 속여 김준을 궁궐로 불러들인다.

결국 임연 일행의 칼날 아래에서
김준은 목숨을 잃고 만다.

김준을 제거한 원종

최원정 김준 정권이 오래 못 갈 거라고는 예상했는데, 원종이 먼저 이렇게 손을 쓸 줄은 몰랐네요.

신병주 사실은 원종이 반격을 가한 거예요. 김준이 먼저 원종을 폐위하려고 시도합니다. 그럼 김준은 원종을 왜 폐위하려고 했을까요? 고려가 몽골이 요구한 6사를 계속 이행하지 않으니까 몽골에서도 고려의 정세를 파악해 본 거예요. 그랬더니 김준이라는 인물이 이끄는 무신 정권에서 이행하지 않으려고 한다는 걸 안 거죠. 그래서 아예 몽골이 무신 정권의 실력자인 김준을 직접 만나 보겠다고 오라고 불러요.† 하지만 부르는 대로 갔다가는 김준의 인생은 끝나죠. 따라서 김준은 몽골의 소환에 응할 생각이 절대 없었습니다. '차라리 내가 이렇게 권력을 잡고 있을 때 원종을 폐위하겠다.'라는 태도로 나오는데, 김준이 워낙 인심을 잃어서인지 주변에서 다 반대하니까 결국 폐위 시도가 무산되죠. 그러한 상황에서 원종은 김준을 그대로 뒀다가는 자기가 당하겠다 싶어 김준을 제거한 거고요.

류근 팽팽한 긴장 관계였네요. "내가 먼저 너를 제거하지 않으면 내가 당할 판이다."라는 거잖아요.

최원정 그러면 김준의 죽음으로 무신 정권은 끝나는 건가요?

신병주 끝나지 않아요. 최씨 무신 정권이 끝나자 김준이라는 인물이 딱 등장했잖아요. 근데 김준이 제거되고 나니까 이번에는 임연이라는 인물이 또 등장해요. 임연이 김준의 자리를 꿰차고 완전히 권력을 휘두르죠. 그러면 무신 정권이 임연에서 끝나느냐? 임유무라고 임연의 아들이 있습니다. 임유무까지 이어지면서 무신 정권이 정말 끝나지 않죠.

류근 권력과 폭력으로 뒤얽힌 수건돌리기네요.

이윤석 근데 무신 정권이 이렇게 존속하면 산적한 문제가 근본적으로 해결되지 않는 거 아닙니까? 왕권의 온전한 회복이 어렵고, 몽골과의 외교적인 문제들도 해결이 안 되니, 계속 문제는 남습니다.

최원정 지금 마침 원종의 아들인 태자 심이 몽골에 갔다가 돌아오는 중이라고 하네요. 몽골의 불편한 심기를 좀 달래고 오지 않았을까 하는 생각도 드는데, 현장을 연결해 보겠습니다.

† 황제가 김준 부자 및 그 동생 김충에게 몽골의 서울로 오라고 명하였다.
—『고려사』「세가」 원종 9년(1268) 3월 21일

고려 뉴스: 태자 심 귀국 현장

이광용 원종 10년(1269) 7월 23일 뉴스입니다. 지난 4월에 몽골에 입조했다가 귀국 중인 태자 일행이 압록강 접경 지역인 파사부에 도착했습니다. 이제 고려 국경까지 얼마 남지 않은 상황인데, 귀국 소감 한마디 들려주시죠.

태자 무사히 돌아와서 정말 기쁘오.

관노 태자 전하, 드릴 말씀이 있습니다.

이광용 아니, 갑자기 무슨 일일까요? 수상한 자가 나타나 태자 일행을 가로막았습니다.

태자 어? 뭐야? 깜짝 놀랐잖아. 얘들아, 잠깐만 멈춰 보자. 무슨 일인지 한번 들어 보자.

관노 워낙 중한 일인지라 귓속말로 말씀을 드리겠습니다.

태자 그럼 가까이 와야겠구먼. 어서 얘기해 보거라. 무어라? 정말이냐? 아이고, 아이고.

이광용 대체 무슨 얘기를 들었기에 태자의 태도가 돌변한 걸까요? 태자가 흐느끼고 있습니다. 무슨 일입니까?

태자 아바마마께서 폐위당하셨다오. 아바마마께서 폐위를…….

이광용 아니, 잠깐만요. 보통 일이 아닌데, 대체 누가 그런 짓을 저질렀다는 건가요?

태자 이 자의 말에 의하면 임연이라는 작자가 아바마마를 폐위하고 안경공 숙부를 옹립했다고 하오.†

이광용 진정 좀 하시고요. 그러면 이 급변 사태를 해결하기 위해 태자께서 하루빨리 귀국하셔야 하는 거 아닌가요?

태자 아니요. 아바마마께서 폐위되셨으니 나는 고려가 아니라 몽골로 돌아가야겠소.

이광용 아니, 한시가 급한 상황에 고려가 아니라 몽골로 가다니요.

태자 생각해 보시오. 내가 고려에 돌아가면 내 목숨이 그대로 있겠소? 몽골에 돌아가 쿠빌라이 칸께 도움을 요청하겠소. 쿠빌라이 칸께서는 절대로 아바마마를 버리시지 않을 것이오. 얘들아, 가자.

이광용 저기요? 태자님? 이야, 원종이 무신 임연에게 폐위당하는 예상치 못한 사태가 고려에서 벌어졌습니다. 과연 태자 일행은 이 난국을 돌파할 해결책을 찾을 수 있을까요?

† 정주(靜州)의 관노 정오부가 몰래 강을 건너가서 임연이 국왕을 폐위하고 안경공을 세운 사실을 알렸다.
—『고려사』「세가」 원종 10년(1269) 7월 23일

원종 폐위 사건

최원정 아니, 대체 무슨 일이에요? 임연은 원종을 위해 김준을 제거해줬던 사람인데 왕을 폐위해요? 두 사람 사이에 무슨 일이 있었던 거예요?

이익주 김준을 제거한 다음에 원종과 임연 사이에 새로운 갈등이 벌어졌던 것입니다. 그 당시에 원종의 위치를 보면 몽골과 맺은 강화의 상징 같은 의미가 있습니다. 그런데 몽골과 가까워질수록 무신 정권으로서는 상대적으로 권력이 약화되는 결과가 나오지 않겠습니까? 그래서 그 이전에 많은 무신 권력자가 그랬던 것처럼 임연도 자기 말을 잘 들어주는 꼭두각시 왕을 원했습니다. 따라서 다른 무신 권력자들처럼 국왕을 폐위하고 자기 마음에 드는 사람을 왕으로 올린 다음에 스스로 교정별감이 되어 권력을 장악하려고 했던 것이죠.

이윤석 그런데 마침 공교롭게도 태자가 몽골에 있었어요. 원종에게는 참 다행인 것이, 아주 신속하게 쿠빌라이 칸에게 가서 상황을 보고하고 도움을 요청할 수가 있던 거죠.

최태성 고려 태자에게서 상황을 전해 들은 쿠빌라이 칸은 사신을 통해 임연에게 다음과 같이 통보합니다. "국왕 폐위에 관한 일을 조목조목 보고하라. 국왕과 태자 및 그 족속 가운데 한 사람이라도 잘못되는 사람이 있으면 반드시 용서치 않겠다. 그리고 12월 10일까지 임연과 안경공, 원종 모두 몽골에 입조하라. 기한 내에 오지 않으면 군대를 보내 소탕해 버리겠다." 쿠빌라이 칸이 이렇게 나오니까 임연이 버틸 수가 없는 거예요.

최원정 원종과 쿠빌라이 칸의 관계를 분명히 알았을 텐데, 임연은 왜 이런 일을 했을까요?

이익주 이 사건은 임연의 모험이라고 할 수 있습니다. 원종이 폐위된 사실을 몽골에서 알면 원종을 복위하라고 요구할 것이고, 그렇게 되면 마땅히 대응할 수단이 없다는 것이 결과적으로도 다 드러나지 않았습니까? 이렇게 예상되는 반응에 전혀 대비하지 않은 상태에서 급박하게 일을 추진한 것을 보면 임연의 무모함이 엿

보이는 대목이라고 할 수 있습니다.

류근 이번 사건으로 말미암아 무신 정권의 힘은 완전히 꺾인 셈이 되겠네요.

신병주 이제는 원종도 쿠빌라이 칸에게 의지하려는 태도를 상당히 보이죠. 그래서 복위한 후에 바로 또 한 번 친조를 해요. 쿠빌라이 칸을 찾아가 군대를 빌려 달라고 합니다. 군대를 빌려주면 바로 본국으로 돌아가 임연을 제거해 무신 정권을 무너뜨리고 확실하게 강화도에서 나와 환도하겠다고 협상하죠.†

이윤석 결국은 몽골의 힘을 빌려서 왕권을 되찾겠다는 이야기인데, 이해 못 할 정도는 아니지만, 그래도 참 씁쓸해요. 그동안에는 무신 정권에 휘둘렸지만, 이번에 몽골 군대의 힘을 빌리면 앞으로는 몽골에 계속 휘둘리게 될 테니 휘두르는 주체만 달라지는 거 아닙니까?

이익주 아주 중요한 지적입니다. 고려 황실로서는 몽골의 힘을 끌어들여 왕권을 회복한 것이나 마찬가지이기 때문에 몽골에 의존할 수밖에 없는 상황이 만들어집니다. 그래서 원종은 복위한 다음에 친조를 해서 군대를 요청하는 동시에 청혼을 합니다. 고려에서 먼저 원종의 아들과 쿠빌라이 칸의 딸을 결혼시키자고 제의한 것이죠. 그리고 결국 이 혼인이 이루어지면서 대대로 고려의 국왕들이 몽골 황실의 부마가 되는 시초가 됩니다. 당연히 그 이후로 몽골의 고려에 대한 내정 간섭의 정도가 심해집니다.

류근 저는 지금 어떤 게 정의인지 혼란스러운 상황이에요. 임연의 정변도 그렇고, 원종의 친공 행태도 그렇고 모두 별로 바람직스러워 보이지는 않는다는 말이죠.

최원정 그러면 임연은 어떻게 됐어요?

최태성 임연은 근심과 울분이 쌓이면서 등창이 나서 죽습니다.

최원정 아, 결국은 분통이 터져 죽는군요. 원종이 몽골 군대를 끌고 함께 내려오면서 무신 정권이 드디어 막을 내리네요.

† "엎드려 바라건대 약간의 병력을 주어 함께 귀국하게 해 주시면, 곧바로 옛 수도로 가서 섬 안의 신하와 백성을 모두 육지로 나와 살게 하고, 이로써 권신을 제거하고 나머지는 모두 보살피도록 하겠습니다."
—『고려사』「세가」 원종 11년(1270) 2월 4일

원종과 쿠빌라이, 그 역사적 만남

류근 의도한 바는 아니겠지만, 어찌 되었든 100년간 지속된 무신 정권의 종지부를 찍은 것도 원종과 쿠빌라이의 만남에서 비롯된 거네요.

최원정 원종과 쿠빌라이가 만나 전쟁을 끝내고 새로운 외교 관계를 수립하는 과정을 봤는데, 진짜 그야말로 역사의 물줄기를 바꾼 만남이었어요. 엄청난 만남이에요.

이익주 그 당시 고려의 상황을 평가할 때는 몽골이 세계 역사상 유례가 없는 넓은 영토를 차지했던 대제국이라는 점, 몽골의 침략을 받았던 나라 가운데 국가를 유지한 사례가 거의 없다는 점을 전제해야 할 것 같습니다. 이때 고려라는 국가를 유지하게 한다는 쿠빌라이 칸의 약속을 뒷날 세조구제(世祖舊制)로 부르는데, 고려의 독립성을 위협하는 모든 시도에 대해 고려 측에서는 세조구제에 어긋나는 것이라며 반대해 국가를 유지하는 데 성공합니다. 이런 점에서 쿠빌라이와 원종의 만남이 역사적인 의미를 갖는 것이죠.

최원정 원종도 쿠빌라이도 자기들의 첫 만남이 이렇게 많은 것을 바꿔 놓을 줄은 정말 상상도 못 했을 텐데, 그래서 원종과 쿠빌라이의 만남을 오랜만에 한 줄로 평하면서 마무리하는 시간을 가져 보겠습니다.

최태성 "원종과 쿠빌라이의 만남은 서로의 바람이었다." 아까 노래 가사를 들으면서 딱 정리되더라고요.

이윤석 우연이 아니었다는 거네요. 저는 다음과 같이 평하겠습니다. "원종과 쿠빌라이의 만남은 역전 끝내기 안타였다." 쿠빌라이에게는 약세에서 역전할 계기가 됐고, 원종에게는 무신 정권을 끝내고 몽골과의 전쟁도 끝내는 계기가 되었습니다. 근데 안타예요. 시원한 홈런은 아닙니다. 뒤에 간섭이 있기 때문이죠.

7

삼별초, 또 하나의 고려를 세우다

1270년, 국왕에 의해 무신 정권이 붕괴되었다. 1170년의 정변으로 성립된 지 꼭 100년만이었다. 국왕 원종은 무신 정권을 무너뜨리고 왕정을 회복했지만, 그 과정에서 몽골군을 끌어들임으로써 많은 논란을 낳았다. 그 과정을 좀 더 자세히 살펴보면 다음과 같다.

원종이 태자 시절에 몽골로 파견되어 쿠빌라이를 만나고 국가의 유지를 약속받았지만, 그 뒤로도 몽골의 '6사' 요구 때문에 양국 간의 마찰은 계속되었다. 시간이 흐를수록 몽골의 압박은 거세졌고, 결국 개경 환도가 지연되는 것을 트집 잡아 무신 권력자 김준을 몽골로 소환하기에 이르렀다. 최씨 정권이 붕괴한 후 김준이 무신 정권을 연장하면서 개경 환도는 물론 몽골과의 강화를 방해했던 것이다. 몽골의 압박에 위기를 느낀 김준은 몽골과 다시 싸우고자 했으나, 주위의 반대로 실행하지 못했다. 이에 불만을 품은 무신 임연이 김준을 죽이고 원종마저 폐위한 다음 권력을 장악했다. 하지만 이것이 아무런 대책 없는 군사적 모험에 지나지 않았음이 드러나는 데는 오랜 시간이 걸리지 않았다. 불과 몇 달 뒤에 몽골이 원종의 복위를 요구해 오자 곧 원종을 복위시켰던 것이다.

몽골의 도움으로 복위한 원종은 곧바로 몽골에 가서 사태의 전말을 알리고 두 가지 제안을 했다. 하나는 자기에게 몽골군을 빌려주면 무신 정권을 붕괴시키고 개경으로 환도하겠다는 것이고, 또 하나는 자기 아들과 쿠빌라이 칸의 딸을 결혼시키자는 것이었다. 이 가운데 청병(請兵)은 즉시 받아들여져 원종은 몽골군을 앞세워 무신 정권을 붕괴시켰다.(청혼(請婚)은 몇 차례 논의를 거쳐 1274년에 성사되었다.) 이로써 왕정은 회복되었지만, 국왕이 몽골에 의존하는 자세가 강해질 수밖에 없었고, 고려 왕실의 이러한 한

계는 이후 원 간섭기 내내 계속되었다.

국왕이 몽골군을 끌어들여 무신 정권을 무너뜨리자 무신 정권의 핵심 군대이던 삼별초가 반란을 일으켰다. 배중손의 지휘하에 삼별초는 새 왕을 세우고 관리들을 임명했다. 개경의 조정과 대결하는 또 하나의 고려 조정이 탄생한 것이었다. 이들은 강화도를 출발해 진도에 자리 잡고 항전을 계속했다. 당시에 삼별초는 나주와 전주 등을 점령하고 남해안 일대를 석권하며 세력을 떨쳤고, 일본에 항몽 연합을 제의하기도 했다. 그러나 고려와 몽골의 연합군이 공격해 진도가 함락되었고, 잔여 세력이 제주도로 옮겨 항전을 벌였지만, 그마저 함락되면서 4년 만에 진압당했다.

삼별초의 항전은 끈질긴 대외 항쟁의 사례로서 높이 평가되었다. 혹자는 고려의 대몽 항쟁 기간을 삼별초의 항전까지 포함해 1231년에서 1274년까지 43년간으로 보기도 한다. 하지만 삼별초의 항전이 강화에 반대하는 무신 정권 잔여 세력의 반란이라는 사실을 부정할 수는 없다. 게다가 애초에 삼별초는 민의 저항을 진압하기 위해 창설되었고, 몽골과 전쟁하는 동안에도 특별 대우를 받으며 무신 정권의 유지에 동원되었다는 점이 그 의미를 퇴색시킨다. 그런데도 삼별초의 항전이 반란 이상의 의미를 갖는 것은 당시 민중의 광범한 호응을 받았기 때문이다.

삼별초가 반란을 일으켰을 때 각지에서 호응하는 움직임이 있었다. 개경과 대부도, 밀성(지금의 밀양)에서 몽골의 관리나 군인 또는 고려 지방관을 죽이고 진도의 삼별초에 합류하고자 했다는 것이 그것이다. 그때까지 몽골과 싸워 왔던 고려의 일반 민들이 삼별초의 봉기를 계기로 항몽 의지를 다시 불태웠던 것이다. 이러한 호응이 있었기 때문에 삼별초도 진도를 중심으로 세력을 떨칠 수 있었다. 삼별초의 항전을 포함한 고려의 대몽 항쟁사를 민의 입장에서 바라볼 필요가 여기에 있다. 그리고 그 연장선에서, 삼별초가 제주도에서 최종적으로 진압당한 것은 삼별초뿐 아니라 고려의 항전 역량이 전체적으로 약화되었음을 의미했다.

삼별초, 또 다른 고려 조정을 세우다

1270년, 원종은 몽골군을 이끌고
고려로 돌아와 무신 정권을 무너뜨린 후
개경으로 환도한다.

하지만 이 결정에 반발한 삼별초는
나라의 재물 창고를 무단으로 약탈하며
원종의 명령을 거부한다.

이에 원종이 삼별초를 해산하고자
사람을 보내고 명단까지 요구하자
위기를 느낀 삼별초는 일제히 봉기한다.

봉기를 주도한 배중손은 새로운 왕으로
왕온을 세우고 독자적인 관부를 설치한다.
고려에 또 하나의 조정이 탄생한 것이다.

우리가 아는 삼별초?

최원정 고려사를 잘 모르시더라도 삼별초는 많이 들어 보셨을 거예요.

이해영 삼별초라고 하면 뭐가 떠오르는지 주변에 물어봤더니, 그중에 과반수가 "아, 알지. 삼별초의 난."이라고 얘기하더라고요. 근데 저도 왠지 오랫동안 삼별초의 이미지를 항쟁이 아니라 난이라는 단어와 묶어 생각했던 것 같아요.

류근 맞아요. 우리는 삼별초의 난으로 배웠죠.

신병주 고려에 대해 반란을 일으켰다는 이미지가 강한데, 왜 난을 일으켰는지 보면 몽골에 항쟁하기 위해서라고 하니까 대몽 항쟁의 상징으로 통하기도 하죠.

류근 그럼 요즘 학교에서는 어떻게 가르치나요? 뭐라고 배우죠?

최태성 교과서에서는 삼별초를 매우 중요하게 다룹니다. 몽골과 강화하는 데 반대하고 강화도에서 진도, 제주도로 옮겨 다니면서 끝까지 저항한, 상당히 긍정적인 모습으로 그려집니다.

최원정 삼별초라는 게 군대인 거잖아요.

신병주 최씨 무신 정권 때 최우가 권력을 잡고 나서 치안을 유지하거나 도적을 소탕할 필요를 느껴 만든 조직입니다. 처음에는 야간에 치안을 유지할 생각으로 야별초를 창설하죠. 그리고 야별초의 기능을 좀 더 확대해 좌별초와 우별초로 나누었습니다. 아직 이별초밖에 안 되는데, 몽골과 항쟁하는 과정에서 몽골에 포로로 잡혀갔다가 탈출한 사람들을 새로 신의군으로 편성해 좌별초와 우별초에 더합니다. 그래서 삼별초가 된 거죠.

류근 그런데 군대 이름에 보통 붙는 '군(軍)' 자가 아니라 '초(抄)' 자가 붙어 헷갈리거든요. 이 '초' 자가 도대체 무슨 '초' 자예요?

이익주 가려 뽑는다는 뜻입니다. 그래서 별초라고 하면 특별히 뽑은 군인이라는 뜻이죠.

신병주 요즘 같으면 특수부대 느낌도 딱 들죠.

삼별초의 실체

이익주 아까 삼별초가 만들어지는 과정을 나라에 도적이 많아 밤에 도적을 진압하기 위해서라고 말씀하셨는데, 사실 이 도적이라는 사람들이 알고 보면 고려의 백성들이었죠. 최씨 정권 때 수많은 민란이 일어났고, 이러한 일반 백성들의 저항을 진압하기 위해 만든 특수부대가 삼별초였던 겁니다. 민란을 진압한 대가로 삼별초라는 군대 조직에 속한 사람들은 더 많은 녹봉을 받고, 더 빨리 출세하고, 삼별초에 있는 것만으로도 권세를 누릴 수 있는 특별한 지위를 가졌습니다.

최태성 백성의 처지에서 봤을 때는, 오히려 자기들을 잡아들이는 역할을 한 조직이죠.

류근 국가 안보가 아니라 정권 안보를 지키는 사적 조직이었다는 거 아닙니까?

이해영 정리하면 무신 정권의 친위대가 삼별초였다고 할 수 있겠네요.

최원정 무신 정권의 친위대이자 비밀경찰이자 사병 조직이라니까 매우 어두운 느낌이 드네요.

이해영 그러니까요. 민중보다 앞장서서 민중을 위해 뭔가 했던 조직이라고만 생각하다가, 갑자기 민란을 진압하려고 만들어졌다는 얘기를 들으니까 약간 당황스럽습니다.

강화도에서 봉기한 삼별초

최원정 그렇다면 무신 정권을 무너뜨리고 왕권을 회복하려고 했던 원종에게 삼별초는 혁파할 대상이었겠어요.

최태성 그렇죠. 삼별초의 혁파라는 것은 고려 조정이 몽골과 강화를 맺는 시점부터 이미 예정된 수순이었죠. 기본적으로 몽골로서는 계속해서 강화에 반대하고 훼방을 놓는 무신 정권의 핵심 군사력이라고 할 수 있는 삼별초가 달갑지 않았을 겁니다. 따라서 삼별초의 혁파라는 문제를 보면 원종과 몽골의 이해관계가 딱 일치하는 모습이 들어오죠. 그런 과정 속에서 삼별초도 자기들의 위기를 모를 리가 없겠죠? 잘 알았기 때문에 몽골과의 강화나 고려 조정의 개경 환도를 반대할 수밖에 없었죠.

이해영 그러면 결국 삼별초의 봉기는 외세에 저항하는 의식에서 비롯된 게 아니라, 말하자면 자기 밥그릇을 찾기 위해서였다고 볼 수도 있는 거네요? 작은 반전인데, 약간 의외네요.

이익주 삼별초가 봉기하는 과정을 살펴볼 필요가 있습니다. 지난 시간에 원종이 폐위되었다가 몽골의 도움으로 복위했다는 이야기까지 했었지요. 몽골에 갔던 원종이 몽골군을 이끌고 돌아오면서 개경에 이르러 강화도에 있는 무신 정권에 "이제 강화도를 떠나 개경으로 돌아와라."라고 명령을 내립니다. 이때 삼별초들이 반발한 거죠. 결정적으로 원종이 삼별초의 명단을 요구합니다. 이렇게 되면 삼별초는 자기들의 명단이 몽골의 손에 들어갈 가능성이 우려할 수밖에 없습니다. 그렇게 된다면 자기들로서도 막지 못할 아주 처절한 보복이 있을 거라고 짐작했을 거고요. 삼별초가 원종의 왕명에 강력하게 반발할 수밖에 없었던 데는 이런 사정이 있었습니다.

신병주 요즘으로 치면 원종이 블랙리스트를 제출하라고 요구한 셈이죠. 블랙리스트에 들어가는 사람들에게는 생존의 문제가 걸렸고요.

최원정 삼별초가 새로운 조정까지 세우며 개경 조정에 본격적으로 반기를 들었는데, 이들은 봉기한 지 이틀 만에 강화도를 버리고 새로운 근거지를 찾아 떠납니다. 이들이 향한 곳은 어디일까요?

삼별초, 남쪽으로 향하다

봉기 이틀 후, 강화도를 떠나는 삼별초.
무려 1000여 척의 배를 동원해 남쪽으로 향하고,
긴 항해 끝에 도착한 곳은 진도였다.

삼별초가 거점으로 삼은 진도 용장성은
둘레 13킬로미터, 면적 약 8.5제곱킬로미터로
제법 큰 규모의 성이었다.

삼별초는 이곳에 기반 시설을 확충해
새 조정이 머물 터전을 만든다.

든든한 근거지를 확보한 삼별초는
본격적으로 세력을 확장해 나가기 시작한다.

용장산성 행궁지

진도로 간 삼별초

최원정 추진력이 매우 대단한데요? 배를 1000여 척이나 끌고 갔어요.

류근 말이 1000척이지, 실제로 1000척의 배가 이렇게 대거 이동한다면 정말 장관이잖아요.

신병주 자료에 나온 대로 용장성의 규모도 매우 컸어요. 여의도 면적의 세 배 정도가 되거든요.

이해영 용장성의 크기와 위용도 진짜 놀랍긴 놀라운데, 사실 1000척이나 되는 배, 정말 엄청나잖아요. 더 놀라운 것은 이틀이라는 시간입니다. 이틀 만에 강화도를 버리고 이동한 걸 보면 매우 오랫동안 준비해 오지 않았나 싶을 정도인데요.

이익주 여기서 한 가지 생각해 볼 것이, 배가 1000척이면 사람은 몇 명이었을까 하는 점입니다. 그 당시에 고려의 군선, 즉 전함의 규모를 다른 사례를 통해 추정해 보면 배 한 척에 서른다섯 명 정도가 탔을 겁니다. 그런데 이때는 배에 군인들만이 아니라 많은 화물을 실었을 겁니다. 그래서 서른다섯 명의 반 정도만 탔다고 계산하면 배 1000척에 사람은 1만 5000명 정도가 됐을 것으로 봅니다. 배중손이 거병한 것이 6월 1일이고, 강화도를 출발한 것이 6월 3일입니다. 이틀 만에 출발할 수 있었던 것은 삼별초가 아무리 특수부대라 하더라도 사전에 준비가 있었기 때문이라고 봅니다. 해도재천(海島再遷), 그러니까 강화도에서 다른 섬으로 또 한 번 수도를 옮겨야 한다는 주장이 10년 전부터 있었는데, 그 10년 전이 바로 고려와 몽골의 강화가 이루어지고, 고려 태자 원종이 몽골로 간 그 시점입니다. 그때부터 고려 안에서는 강화에 반대하는 사람들이 다른 섬으로 옮겨 계속 싸워야 한다고 주장한 거죠. 해도재천을 주장하고 준비하는 과정이 있었기 때문에 이때 단 이틀 만에 짐을 꾸려 배를 출발시킬 수 있었던 겁니다.

류근 해도재천, 그러니까 말 그대로 바다에 있는 섬으로 다시 옮기자는 뜻이잖아요. 그러니까 그게 이를테면 무신 정권의 '플랜 B' 같은 거였군요. 삼별초가 그 '플랜 B'를 실행한 거고요.

최태성 원래 해도재천의 후보지는 제주도였습니다. 근데 삼별초가 세운 조정이 정통 고려 조정이라는 걸 표방하려면 육지 쪽에 뭔가 영향력을 끼쳐야 하는데, 제주도는 너무 먼 거예요. 그래서 영향력을 행사할 수 있는 곳이 어딘지 고심한 끝에 진도를 선택한 거죠.

최원정 서해안을 따라 쭉 가다 보면 진도 말고도 육지에 가까운 섬이 많은데, 왜 하필 진도였을까요?

신병주 진도라는 곳 자체가 일단은 큰 섬이에요. 또한 진도 지역이 강화도와 흡사한 조건 중에 하나가 좁은 해협을 사이에 두고 육지와 가깝다는 점입니다. 일단은 육지와 가까워야 물품과 물자의 보급이 용이하거든요. 그리고 진도 위치를 한번 보세요. 정확하게 우리나라의 남해에서 서해로 돌아가는 길목입니다. 요충지라는 거죠.

이익주 삼별초가 강화도를 출발한 것이 6월 3일이고, 진도에 본진이 도착한 것이 8월 19일입니다. 이 두 달 동안 여러 가지를 모색했던 것으로 보입니다. 제주도로 가면 안전하기는 하지만, 육지의 항전을 지휘하기는 매우 어려워지지 않겠습니까? 숨는 셈이 되죠. 반면에 진도로 가면 위험해지는 대신에 육지의 항전을 지휘할 수 있다는 이점이 있습니다. 그래서 1000척을 끌고 내려가면서 두 달 동안 심사숙고했던 것 같습니다. 그 결과 더 적극적으로 몽골과 싸우자고 판단한 것이 진도로 가는 배경이 되지 않았나 생각합니다.

이해영 그러면 진도를 배경으로 또 하나의 조정이 생긴 셈이네요. 한 나라에 조정이 두 개 있는 건데, 개경 조정으로서는 진짜 좌시할 수 없을 거 같아요.

최원정 그렇다면 과연 개경 조정은 어떻게 대응했을지 알아보겠습니다.

삼별초군 대 연합군: 해상 전투 현황 및 전쟁과 깃발

이광용 삼별초가 진도로 이동을 시작한 이후, 개경 조정과 몽골의 연합군이 삼별초의 뒤를 계속 쫓고 있습니다. 박금수 박사님, 상황이 어떻습니까?

박금수 지금의 인천 영흥도에서 연합군이 삼별초를 따라잡는 데 성공합니다. 하지만 전투를 벌이진 않았습니다.

이광용 잠깐만요. 따라잡았으면 싸워야지, 왜 그런 거죠? 날씨가 안 좋았습니까? 태풍이라도 왔나요?

박금수 그런 건 아니고요. 몽골군 지휘관인 송만호가 겁먹었어요.† 뭔가 무서웠나 보죠. 이렇게 우왕좌왕하는 사이에 삼별초는 영흥도에서 탈출해 진도에 도착합니다.

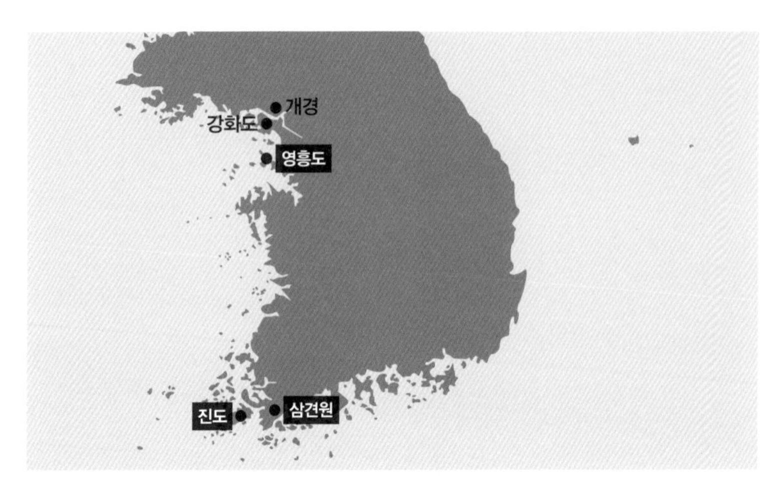

삼별초 관련 지역

이광용 아, 방금 들어온 소식입니다. 개경 조정이 이번에는 진짜로, 본격적으로 진도 공격을 단행했다고 합니다. 삼견원, 지금으로 따지면 해남 쪽에 진을 친 고려와 몽골의 연합군이 진도의 삼별초 군대와 며칠째 전투를 벌이고 있다고 합니다. 승패를 가리기가 어렵다는 걸로 봐서는 전투가 상당히 치열하게 전개되는 것으로 보입니다. 어떻게 이처럼 대등하게 싸울 수 있는 걸까요?

박금수 이번 전투에서 삼별초 군대는 의외의 무기를 아주 잘 활용하는 거 같아요. 바로 붓입니다.

이광용 설마 펜은 칼보다 강하다고 말씀하시려는 건 아니죠?

박금수 제가 붓으로 백지 위에 도깨비를 그려 보겠습니다.

이광용 근데 도깨비를 그려 대체 어디에 쓴다는 건가요?

박금수 이런 도깨비 그림을 바로 전투함에 그리는 것이죠. 함선에 도깨비를 그리면 물에도 비칩니다. 그래서 배가 움직이면 괴수들이 날아오르는 듯 보였을 겁니다.‡ 물결이 일렁거릴 때는

도깨비 그림

잡아먹을 듯이 보였을 거고요.

이광용 아니, 박사님, 이건 좀 아니지 않나요?

박금수 너무 안 믿으시는데, 사실 이런 것이 바로 심리전입니다. 당시에 몽골군은 먼 길을 온 군대잖아요. 원정군은 낯선 것에 관한 두려움이 항상 있어요. 그런데 못 보던 새로운 괴수가 나타나면 심리적으로 약해지잖아요. 그때 삼별초 군대가 적진으로 들어가면 이길 수 있다는 것이죠. 지금 보면 도깨비 그림이 별것 아닌 것 같은데, 생사가 오가는 현장에서 죽기 살기로 싸우는 사람들에게는 크게 작용할 수도 있습니다. 이런 예술이 효과를 발휘하는 사례는 현대 전쟁에서도 있었어요. 제2차 세계대전에서 미국의 특수부대 중에 하나로 '고스트 아미(The Ghost Army)' 부대가 있었거든요. 이 부대에는 화가와 디자이너, 엔지니어 같은 사람들이 소속돼 있었는데, 최전방에서 가짜 전차를 만들기도 하고, 대군이 지나간 듯한 흔적을 만들기도 하는 임무를 수행했습니다. 그러면 그것을 본 독일군이 작전을 세울 때 큰 혼란에 빠졌죠.

고스트 아미 부대가 만든 모조 탱크 고스트 아미 부대의 활약상은 영화로도 만들어졌다.

ⓒ Rene Ralph Min

강강술래 기와밟기를 하는 모습이다.

이광용 그러고 보니까 강강술래 같은 것도 다 비슷한 맥락의 유래설이 있죠? 이제 이해가 좀 되네요.

박금수 기록에 의하면 삼별초가 배에 깃발을 잔뜩 벌여 놓고 징과 북을 요란하게 쳐 대니, 몽골군 지휘관이 겁을 내어 퇴각하려 했다고도 나와 있습니다.

이광용 그러고 보니 사극을 보면 전투 장면에서 부대 깃발이 엄청나게 많잖아요. 근데 이런 깃발이 전투에 뭐 그렇게 쓸모가 있을까 하고 늘 궁금했습니다.

박금수 당시에 북과 징 등의 악기와 깃발은 가장 중요한 지휘 신호였어요. 특히 깃발의 색은 방향과 관련이 있습니다. 우리 잘 아는 사신, 즉 좌청룡, 우백호, 남주작, 북현무가 있지 않습니까? 그러니까 청색은 청룡이니까 왼쪽, 흰색은 백호니까 오른쪽, 빨간색은 주작이니까 남쪽, 검은색은 현무니까 북쪽을 뜻하는 거죠. 여기에 노란색으로 상징되는 황룡을 더해 중앙을 뜻하게 합니다. 예를 들면 빨간색 깃발은 군대에서는 앞에 있는 부대, 즉 전군(前軍)을 뜻합니다. 지휘관이 깃발을 휘두르면 군사들이 보고 미리 알고 있다가, 북을 치면 명령에 따라 움직이는 것이죠. 징을 치면 멈추고요. 옛날에는 이런 식으로 군대를 지휘했기 때문에 깃발이라는 것은 전통 군대에서는 필수적인 용품이었죠. 심지어 조선 후기에는 이런 깃발들을 창처럼 쓸 수 있는, 무기로 쓸 수 있는 무예도 발달합니다. 제가 시범을 보이겠습니다.

최원정 우와, 깃발 소리가 우레 소리 같은데요. 벼락이 치는 것처럼 무서운 소리가 나네요. 기선이 딱 제압될 거 같아요.

류근 깃발이 펄럭이니까 그 기세가 훨씬 압도적이지 않습니까? 무시무시하네요. 깃발을 창으로 쓰는 게 무슨 효과가 있을까 의심했는데, 정말 더 효과적일 거 같아요. 진짜 무서웠겠네요.

신병수 게다가 아무래도 해상에서 전투하면 안 그래도 무서운, 바다에서 불어오는 바람 소리까지 울렸을 겁니다.

이광용 연합군이 진도에 본격적으로 대공세를 퍼부었는데도, 몽골군의 소극적인 태도로 오히려 삼별초의 기세가 조금 올랐다는

깃발 무예 시범 장면

생각도 듭니다. 삼별초 군대는 과연 언제까지 연합군의 공세를 막아 낼 수 있을까요?

† 적선이 영흥도(靈興島)에 정박하고 있어 김방경이 공격하려 하였으나, 송만호가 두려워하며 막는 사이에 적이 달아났다.
—『고려사』「김방경 열전」

‡ 적은 약탈한 함선에 모두 괴수를 그렸는데, 바다를 덮고 물에 비치어 움직이고 바뀌는 것이 나는 것 같아 기세를 당할 수가 없었다.
—『고려사』「김방경 열전」

승승장구 삼별초군

최원정 설명을 듣고 보니까 배에 도깨비를 그린 건 매우 기발한 방법이네요. 이 정도면 거의 뭐 삼별초가 승기를 잡았다고 봐야겠네요.

류근 바다에서 전투를 벌이는 노하우는 삼별초가 완전히 우위에 있는 거 같아요. 아무리 세계 최강이라고 해도 몽골군은 어쩔 수 없이 육상에서 벌이는 전투에 최적화된 군대일 수밖에 없잖아요.

이익주 이 전투는 고려와 몽골이 벌인 전쟁의 역사를 훑어보면 몽골군이 처음으로 한 해전입니다. 몽골군이 그때까지는 배를 타고 전쟁해 본 적이 없죠. 그래서 송만호가 그렇게 싱겁게 물러간 것이나 삼견원에서 삼별초가 승리한 것 등이 설명됩니다. 아무튼 이때 삼별초가 승리를 거두면서 초반에 기선을 잡았다고 말할 수 있습니다. 진도에 안착한 삼별초는 8월과 9월 사이에 육지에 대해 공격을 시작합니다. 그래서 나주에 이어 전주까지 점령합니다. 그러니까 우리가 삼별초를 진도에 한정 지어 생각하기가 쉬운데, 사실은 진도를 거점으로 삼아 한반도의 남부 지역, 특히 전라도 일대를 모두 석권했다고 할 수가 있습니다.

삼별초 항쟁과 백성들의 반응

이해영 백성들, 특히 진도 근처에 있는 백성들은 이 전투의 결과를 다 알았을 거 아니에요? 그렇다면 백성들은 어느 한쪽을 선택해야 하는 상황이었을 텐데, 어떤 쪽을 지지했을까요?

신병주 실제로 상대적으로 차별받고 힘들었던 낮은 계층의 백성들이 삼별초에 적극 호응했습니다. 이승휴[1]의 『농안거사문집』[2]에는 "무뢰배들과 불령(不逞)하고 강량(强梁)한 무리들이 까마귀 떼같이 강화도에 모여들어 배를 타고 남쪽으로 내려갔다."라고 나와 있습니다. 요즘 표현으로 하면 하층 신분에 있었던 사람들, 특히 고려 조정에 불만이 많았던 세력들이 거의 갔다고 보면 됩니다.

이익주 삼별초가 강화도에서 처음 봉기했을 때 배중손이 "나라를 돕고자 하는 사람은 모여라."라고 하자 많은 사람이 모였는데, 그때 배중손이 호적 문서를 불태웁니다. 전에 몽골과 전쟁할 때 충주에서 김윤후가 관노들의 노비 문서를 태운 적이 있지 않습니까? 이렇게 신분 해방을 약속하면서 몽골과 싸울 것을 독려하는 일을 삼별초도 했던 것이고, 그래서 모여든 사람 가운데 상당수가 삼별초에 호응했을 것으로 여겨집니다.† 실제로 삼별초가 봉기한 다음에 개경에서 관노들이 들고 일어나 몽골 관리들을 죽이고 진도로 합류하겠다고 하는 일도 벌어집니다.

신병주 고려 말에도 이성계와 정도전과 같은 이른바 혁명 세력들이 토지 문서를 불태운 게 그 당시에 일반 백성들이 혁명 세력을 지지하는 아주 중요한 근거가 되죠.

류근 신분 해방에 대한 열망은 어느 시대에나 있었던 거 같아요.

이해영 근데 재밌네요. 어쨌건 처음에 삼별초는 저항하는 백성들을 진압하기 위해 만들어졌다라고 들었는데, 이런 식으로 백성들이 함께하는 식의 전개가 극적이면서도 뭔가 쉽지 않네요. 계속 더 해석하게 합니다. 더 경청해 봐야 할 거 같아요.

최태성 그렇다고 해서 모든 백성이 삼별초의 봉기를 지지한 건 아니에요. 예를 들면 삼별초가 봉기하는 과정 속에서 밀성군 주민들이 삼별초에 호응하기 위해 자기들의 부사를 죽이고 공국병마사를 칭하는 사건이 벌어져요. 그리고 밀성군 사람들이 좀 더 세력을 확대해 청도까지 갑니다. 거기서 감무라는 관직에 있는 지방관을 죽입니다. 그때 청도 사람들은 일단 밀성군 사람들에게 거짓으로 항복한 다음에 술을 먹이고 그들을 죽입니다. 그러니까 밀성군 사람들과 청도 사람들 사이에 입장이 달랐던 거죠. 삼별초를 지지하는지에 따라 서로 싸우는 양상을 보이는 겁니다.

신병주 여기서 우리가 주목해야 할 게 있습니다. 밀성군은 지금의 밀양 지역이니까 청도까지 모두 경상도 지역이거든요. 진도에서는 아주 멀리 떨어진 지역인데, 이런 지역에서도 삼별초에 대한 지지를 놓고 서로 입장이 갈렸다는 것에서 경상도의 내륙 지역까지도 삼별초에 어느 정도 호응하는 분위기가 있을 정도로 삼별초의 위세가 상당히 컸음을 알 수 있죠.

최원정 근데 이렇게 극명하게 입장이 갈렸다는 게 좀 이해가 안 가요. 당시 고려인은 몽골이라면 지긋지긋할 텐데, 당연히 삼별초를 지지하는 게 대세가 아니었을까요?

이해영 백성의 처지가 되어 생각해 보면 원래 삼별초는 백성들을 탄압하기 위해 만들어진 조직이라는 여론이 분명히 있었을 겁니다. 백성들을 탄압하며 군대 내에서 특권까지 누린 사람들이라고 생각하면 삼별초나 몽골군이나 거기서 거기가 아니었을까요? 다를 것이 없다는, 약간 패배적인 인식과 회의적인 시선이 있을 수도 있지 않을까 하고 생각할 수 있을 거 같아요.

최태성 저는 전쟁의 끝자락에서 또다시 내전이나 전쟁이 일어난다는 것들에 관한 스트레스, 이제는 좀 그만했으면 좋겠다는 마음 같은 것들도 작용한 게 아니었을까 하는 생각도 들어요.

류근 생각해 보면 아주 본질적인 문제인데, 그 시대가 고려 백성들에게는 대단히 불친절한 시대였다는 생각이 들어요. 어느 한쪽 편을 들기에는 삼별초나 몽골이나 누가 정권을 잡던 똑같은데, 굳이 그 다툼에 끼어들고 싶지 않았을 거 같다고 생각합니다.

최원정 외세에 항전한 삼별초를 지지하는 게 옳은 것이라는 단순한 태도는 약간 오늘날의 시각일 수 있겠네요. 그 당시에 양쪽에서 다 수탈당하던 백성으로서는 당연히 우리와 인식 차이가 있겠죠.

이익주 고려와 몽골이 28년간 벌인 전쟁 상황을 보면, 군인들만 싸운 게 아니라 모두가 싸웠다는 말씀을 한 번 드렸었죠? 따라서 고려의 일반 백성과 노비들은 전쟁에 관한 나름의 생각이 다 있었던 겁니다. 강화하는 것이 옳은지, 계속 싸우는 것이 옳은지에 관해 자기 생각이 다 있고, 그 생각에 따라 선택한 거죠. 때마침 삼별초가 몽골과 계속 항전해야 한다고 하면서 세력을 결집하고, 진도에 내려가 새로운 조정을 만들자 몽골과 계속 싸워야 한다는 사람들에게는 삼별초가 하나의 구심점이 될 수 있었을 겁니다. 어떤 의미에서는 삼별초 자체에 대한 지지라기보다는 자기가 품은 항몽의 의지를 어떻게 표현할 것인지의 문제가 되었던 것입니다.

류근 우리가 보통은 삼별초 항쟁이라고 하지만, 삼별초만의 항쟁이라기보다는 삼별초를 포함한 고려 내의 반몽 항전 세력 전체의 항쟁으로 봐야 할 거 같아요. 처음부터 의도하지는 않았겠지만, 삼별초가 몽골에 저항해 가다 보니까 백성들이 자꾸 합류하면서 민중 항쟁의 선봉에 선 구도 같습니다.

이해영 백성들이 함께했기 때문에 몽골에 대항할 수 있었던 거네요.

신병주 그런 점에서는 19세기 전반에 일어난 홍경래의 난이 떠오르죠. 처음에는 서북 지역에 대한 차별 철폐 등 지역 차별을 극복하려는 목표에서 출발했는데, 이른바 세도정치하에서 탄압받는 백성들이 매우 적극적으로 호응하면서부터 그 중심 성격이 농민 항쟁으로 변모한 거예요. 이런 측면에서는 뭔가 닮은꼴입니다. 출발은 그렇지 않았는데, 시작하고 보니 결과적으로는 주체가 되었던 세력의 의도보다 더 확산된 양상이 나타난 거죠.

† 배중손과 야별초 지유(夜別抄指諭) 노영희 등이 난을 일으키고, 사람을 시켜 온 나라에 외치기를, "오랑캐 병사가 크게 이르러 인민을 살육하니, 나라를 도우려는 사람은 모두 구정(毬庭)에 모이라."라고 하였다. 짧은 시간에 나라 사람들이 크게 모였다.
—『고려사』「배중손 열전」

삼별초를 회유하려는 몽골의 시도

최원정 어쨌든 삼별초가 백성들의 호응을 얻어 세력을 넓혀 가는데, 개경 조정이나 몽골에서 가만 두지는 않을 거 아니에요.

신병주 워낙 저항이 심해 제압하기가 쉽지 않으니까, 개경 조정을 통해 사신을 진도로 보내 쿠빌라이 칸의 조서를 전달합니다. 그 내용을 요즘 표현으로 쉽게 말하면 삼별초와 삼별초에 호응한 세력들에 귀순하라고 포섭하는 거죠. 그러면 불이익을 전혀 주지 않겠다는 조건을 내세웁니다.†

최원정 그 말을 어떻게 믿어요? 그래서 회유당한 사람들이 좀 있었나요?

최태성 당연히 받아들이지 않죠. 삼별초가 받아들일 리가 있습니까? "쿠빌라이 칸의 조서는 개경 조정을 상대로 작성한 것이지, 진도 조정을 상대로 작성한 게 아니다."라고 해서 접수를 거부하죠.‡

이해영 진도 조정의 배포가 대단하네요. 말하자면 "몽골 너희가 우리와 대화하고 싶으면, 개경 조정을 통하지 말고 직접 오라."라는 거잖아요.

최태성 그래서 몽골이 다시 사신을 진도 조정으로 보내요. 삼별초의 위세가 엄청 셌다는 거예요.

신병주 몽골로서도 상당히 만만치가 않았던 거죠.

류근 대단하네요. 지금 보니까 개경 조정의 위기가 아닐까 싶어요. 교섭의 주도권을 뺏긴 거잖아요.

최원정 어쨌든 몽골이 사신을 직접 또 보냈으니까 진도 조정에서도 협상 테이블에는 앉아야 하잖아요.

이익주 실제로 협상을 합니다. 그 당시 몽골군 지휘관이 흰두라는 사람인데, 이 흰두와 배중손이 교섭을 벌여요. 그때 배중손은 두 가지를 요구하죠. 전라도 지역을 삼별초 조정에 할양해 주고, 몽골군은 철수하라고 요구합니다.

이해영 그럼 진짜로 삼별초 조정에 전라도를 떼어 주면 몽골에 항복하겠다고 한 것으로 해석할 수 있는 건가요?

류근 진심으로 그런 제안을 했을까 싶어요. 들어주기 쉽지 않은 제안을 해 놓고 시간을 벌자는 작전이 아니었을까요?

최원정 이러한 협상 조건들을 몽골은 어떻게 받아들여요?

이익주 이건 몽골로서는 받을 수 없는 조건입니다. 몽골의 입장에서 생각하면 고려와의 강화는 정말 어렵게 성사한 일이죠. 28년 동안 전쟁을 한 끝에 겨우 고려 태자가 입조하게 해서 개경에 있는 고려 조정과 강화를 맺은 상태인데, 그 개경 조정을 버리고 배중손이 이끄는 삼별초 조정과 또 다른 협상을 한다는 것은 몽골로서는 또 다른 전쟁을 감수해야 하는 상황이 될 수도 있습니다. 따라서 배중손의 이러한 제안은 역시 고려의 전통적인 외교술에 따른 것입니다. 일단 전쟁을 그치고 시간을 벌려고 한 것이죠. 이렇게 벌은 시간에 배중손은 삼별초 조정의 세력을 더욱더 넓혀 가려고 했을 겁니다.

류근 삼별초도 외교력이 정말 수준급인 거 같아요. 예술의 경지에 오른 고려 외교의 유전자를 제대로 계승하고 있지 않습니까? 몽골을 아주 제대로 움직이는 거잖아요.

이해영 주도권을 삼별초 쪽으로 가져오는 데 성공했다고 볼 수 있지 않을까요? 대단한 거 같아요.

최원정 그러니까요. 삼별초가 의외의 외교력을 발휘하고 있는데, 이게 또 끝이 아니라고 해요. 이번에는 일본에까지 손을 내밀었다고 합니다.

† 몽골 황제의 조서에서 말하기를 "이 조서가 내린 이후에 만일 스스로 반성하여 본국으로 돌아오는 자가 있으면 지나간 허물은 모두 용서할 것이다."라고 했다. 왕이 원외랑(員外郎) 박천주를 보내 황제의 조서를 가지고 가서 삼별초를 설득하게 하였다.
—『고려사』「세가」 원종 11년(1270) 12월 20일

‡ (원 황제의) 조서를 박천주에게 부쳐 돌려보내며 말하기를, "이 조서는 우리에게 보낸 것이 아니므로 받을 수 없다."라고 하였다.
—『고려사』「세가」 원종 12년(1271) 1월 22일

고려 뉴스: 삼별초, 일본에 외교문서를 보내다

이광용 일본에서 발견된 삼별초의 흔적이 있습니다. 바로 이 「고려첩장불심조조(高麗牒狀不審條條)」라는 문서인데, 이 문서는 삼별초가 세운 진도 조정으로부터 외교문서를 받은 일본 측 실무자가 이해가 안 되는 의문점을 적어 둔 문서입니다. 여기에 적힌 의문점은 무려 열두 가지나 되는데, 일본은 왜 이렇게 많은 의문을 품었던 걸까요? 자세한 내용을 알아보기 위해 이 문서를 작성한 일본 측 실무자를 연결하겠습니다. 여보세요.

실무자 누구시오? 왜 전화 했소?

이광용 어? 일본분인데 한국어를 능숙하게 쓰시네요? 저희가 「고려첩장불심조조」라는 문서를 입수했는데, 적어 놓으신 의문점이 열두 가지나 되더라고요. 뭐가 그렇게 이해가 되지 않으셨던 거죠?

실무자 내가 알기로 고려 수도는 개경인데, 이번에 보낸 외교문서를 보니까 무슨 강화도라는 섬에서 진도로 옮겼다고 나와 있지

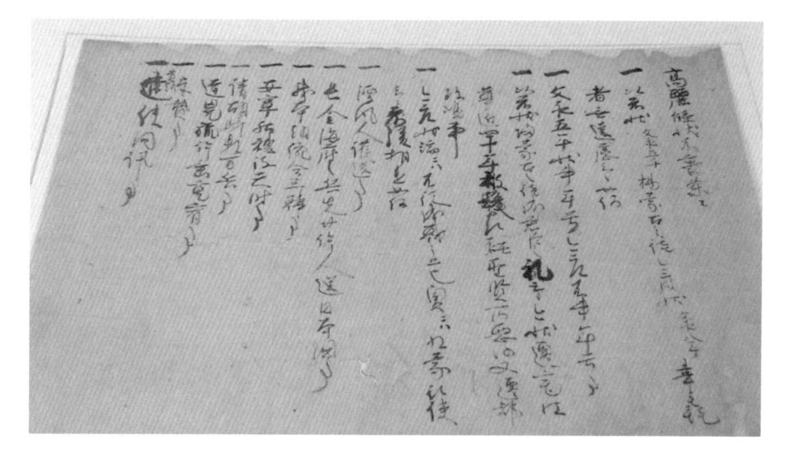

고려첩장불심조조

않겠소? 그다음으로 이 외교문서에는 몽골 연호가 빠져 있소. 게다가 몽골을 욕하기까지 하네? 몽골인들을 짐승의 가죽인 '위취(韋毳)'로 표현하질 않나, 몽골의 풍속을 오랑캐의 습속이라는 식으로 표현하기까지 하니 전과는 달라도 너무 다르잖소. 마치 그 '보이스 피싱(전기통신 금융 사기)'이라는 걸 당한 느낌이오.

이광용 그러니까 일본은 고려에 개경 조정 말고도 진도 조정이 또 들어섰다는 걸 전혀 몰랐던 거군요?

실무자 어? 그런 일이 있었습니까? 처음 알았는데? 그게 사실이오?

이광용 지금 일본이 받은 그 외교문서는 삼별초가 따로 수립한 진도 조정에서 보낸 겁니다. 그러면 여쭤 보겠습니다. 진도 조정이 보낸 문서에는 정확하게 어떤 내용이 적혀 있었습니까?

실무자 간략하게 이야기해 보면 우리가 운명 공동체라는 내용이오. 아니, 고려 조정이 우리와 언제 그렇게 친해 본 적이 있다고 갑자기 운명 공동체라고 하나? 웃기잖아. 근데 국가 간의 일을 너무 알려고 하면 안 돼. 난 이만 끊겠소.

이광용 네? 여보세요? 여보세요? 아니, 이 전화를 함부로 끊고…….
그렇다면 과연 삼별초가 이끄는 진도 조정은 일본에 무엇을 요구하고 싶었던 걸까요? 전문가를 연결해 보겠습니다. 이익주 교수님, 진도 조정이 일본에 외교문서를 보낸 진짜 이유는 뭘까요?

이익주 지금 남은 것은 「고려첩장불심조조」라는 일본 측의 문서뿐이고, 정작 외교문서 원본인 「고려첩장」은 남아 있지 않습니다. 그래서 「고려첩장불심조조」를 통해 간접적으로 알아볼 수밖에 없는데, 그 당시에 삼별초는 일본 정부에 항몽 연합 전선을 구축하자고 제안했던 것으로 보입니다. 이런 추측은 다른 기록에서 확인됩니다. 일본 귀족 요시다 쓰네나가가 남긴 일기인 『길속기(吉續記)』에 따르면 삼별초가 일본에 직접 "앞으로 몽골이 일본을 공격할 것이다. 그러니 지금 몽골과 싸우는 우리에게 식량과 병력을 협조해 같이 싸우자."라고 제안합니다.

이광용 그런 깊은 사정이 있었군요. 몽골과 개경 조정으로서는 삼별초의 이런 시도가 분명 달갑지는 않을 텐데, 일본이 삼별초가 이끄는 진도 조정의 제안에 과연 어떤 답을 내놓을지 주목됩니다.

삼별초의 항몽 연합 전선 결성 시도

최원정 근데 삼별초의 활동 규모가 보통이 아니네요. 몽골에 대항하기 위해 일본과 손을 잡겠다니, 대단한 생각인데요.

이해영 일본이 당연히 받아들이지 않았을까 싶은데, 실제로 어땠나요? 받아들였나요?

신병주 구체적으로 반응한 기록은 남아 있지 않은데, 받아들이진 않은 것 같아요. 「고려첩장불심조조」라고 해서 의심나는 열두 가지

호조 도키무네 원의 일본 원정 당시 가마쿠라 막부의 실권자로, 대외적으로 강경한 자세를 취했다.

항목을 기록한 것에서 알 수 있듯이 애초에 일본 측에서는 "도대체 저쪽에서 무슨 말을 하는 거지?" 하고 말귀를 잘 못 알아들었던 것 같아요.

최태성 고려 조정이 몽골을 상대로 28년 동안 싸웠잖아요. 어떤 면에서는 바로 그 28년의 항쟁 때문에 몽골이 일본으로 원정을 떠나는 걸 고려 조정이 그만큼 늦춰 줬죠. 그리고 그 뒤로 삼별초가 버티지 않았더라면 몽골의 일본 원정은 더 빨리 이루어졌을 겁니다. 그랬다면 역사가 어떻게 변했을지도 가정해 볼 수 있고요.

류근 그럼 일본은 삼별초 공덕비 같은 거 하나 세워야 하겠는데요. 어부지리라는 말이 바로 이럴 때 써먹는 거잖아요.

최원정 만약에 삼별초가 노린 대로 일본과 항몽 연합 전선을 구축했다면 어떻게 달라졌을까요?

이익주 그것이야말로 몽골이 가장 두려워하는 사태였을 겁니다. 고려와 전쟁해서 어렵게 강화를 맺었는데, 고려의 또 다른 세력인 삼별초가 다시 진도에 가서 조정을 세운 상황입니다. 여기에 일본과 힘을 합치고 남송까지 끌어들이면 몽골은 여러 전선에서 새로운 전쟁을 다시 시작해야 하죠. 그것도 지금까지 치른 전쟁과는 전혀 다른 해전을 치러야 했을 겁니다. 그래서 우리가 생각한 것 이상으로 몽골은 삼별초의 동향에 촉각을 곤두세우며 상당히 경계하고 있었습니다. 그 한 가지 예로, 이 무렵에 원종이 쿠빌라이 칸에게 "내 아들과 당신의 딸을 혼인시킵시다."라고 청혼하는데, 이 제의에 쿠빌라이 칸이 의외로 냉담하게 반응합니다. 뒤에는 거짓말로 밝혀집니다만, 심지어는 "나에게는 딸이 없다."라고 말해 가면서까지 고려의 청혼을 거부하죠. 그 시점에서 쿠빌라이 칸은 앞으로 고려의 판세가 어떻게 될지 잘 모르겠다고까지 생각했던 것 같습니다.

최원정 쿠빌라이 칸이 진도 조정의 눈치를 본 거예요? 두 조정을 놓고 저울질한 걸까요?

이해영 진도 조정과 개경 조정 중 어느 쪽이 이길지 모른다고 본 거네요.

최태성 우리가 이제까지 삼별초 항쟁이라고 하면 수세적인 처지에서 항전한 이미지를 떠올렸는데, 쿠빌라이 칸조차도 정세가 어떻게 될지 모르겠다고 파악할 정도로 엄청난 위세를 보였다는 것이 또 다른 발견이 되겠네요.

최원정 그런데 몽골이 삼별초를 회유하는 데 실패하자 본격적으로 진도에 대공세를 펼칩니다.

패배한 삼별초, 진도에서 제주도로

1271년 5월, 개경 조정과 몽골의 연합군은
삼별초가 지키는 진도를 총공격한다.

이에 삼별초는 진도의 관문인
벽파진에 병력을 집결한다.

삼별초 병력이 벽파진에 집중된 사이에
연합군은 둘로 나뉘어 용장성의 배후를 기습하자
삼별초군은 크게 패하고 만다.

결국 온왕과 그의 아들마저 살해당하고
간신히 살아남은 일부 삼별초군은
진도를 빠져나와 제주도로 향한다.

삼별초 진도 조정의 몰락

최원정 참 의외네요. 삼별초가 처음에는 그렇게 승승장구 했는데 한 번에 무너졌어요.

이익주 역시 가장 큰 문제는 삼별초의 방심입니다. 그 사이에 몽골군과 싸워 여러 차례 승리를 거두면서 전라도를 중심으로 경상도 남해안까지 세력을 넓히고 승승장구하고 있었는데, 갑자기 고려와 몽골의 연합군이 대규모 작전을 시작합니다. 이때는 몽골도 상당히 치밀하게 준비해 왔는데, 여기에 고려군이 대거 참여하면서 수군이 많이 보강됩니다. 그래서 고려의 수군과 몽골의 기병이 연합해 진도를 갑자기 공격해 오는데, 이때 삼별초가 제대로 방어를 못한 거죠.

류근 한마디로 양동 작전에 당한 거네요.

제주도로 간 삼별초

최원정 진도 조정의 상징인 온왕이 죽고 군사력도 약해졌는데,† 그럼 삼별초는 어떻게 되나요?

최태성 삼별초의 지휘관인 김통정의 부대가 탈주해 해도재천의 원래 목적지인 제주도로 가죠.

류근 삼별초가 와해 국면에 직면했잖아요. 이런 상황에서 항전하기는 어려웠을 것 같다는 생각이 들거든요.

최태성 그렇죠. 그래서 제주도로 옮긴 후에 초반에는 군사행동보다는 조직을 복원하는 데 노력을 많이 들입니다. 혹시 제주도의 항파두리 유적에 있는 항파두성이라는 이름을 들어 보셨나요? 토성 유적지인데, 삼별초가 이 항파두성을 쌓아서 거점을 복원하려고 하죠.

신병주 제주시 애월읍에 있죠. 제주도에는 이런 유적지가 있을 뿐만 아

ⓒ 문화재청

제주 항파두리 항몽 유적지

니라, 삼별초에 관한 이야기가 아직도 전해집니다. 대표적으로 김통정과 같은 인물에 관한 설화가 많이 퍼져 있죠. 혹시 제주도에서 제일 심한 욕이 뭔지 아세요? 제주도 사람들이 들으면 발끈하는 욕이 있어요. 바로 "이 몽골 놈의 새끼"라는 욕입니다.

최원정 당시에 제주도가 몽골에 의해 많이 수탈당했나요?

이익주 그렇습니다. 삼별초가 나중에 제주도에서 완전히 패배한 이후에 몽골이 제주에 탐라총관부라는 직할 기구를 두어 한동안 직접 지배를 합니다. 특히 목호라는 사람들을 통해 제주도 말을 몽골로 빼어 가는 일이 공민왕이 시해당하는 해까지 이어집니다. 그러니까 고려가 반원 운동에 성공한 다음에도 20여 년간 더 몽골의 수탈이 계속된 셈입니다.

최원정 몽골인들이 유목민이니까 말이 탐났겠네요.

이해영 어쨌건 삼별초가 처음에 제주도와 진도를 놓고 어디로 갈지 장고하다가 제주도가 아닌 진도를 선택했을 때는 다 그만한 이유

제주도의 말

가 있었잖아요. 그런데 결국 제주도로 갔고요. 그러면 제주도에서 삼별초는 애초에 우려했던 것처럼 외부에서 오는 공격을 막고 수비하는 데 정말 온 힘을 다 쓰느라 너무 바빴나요?

이익주 그렇지 않습니다. 1년 정도 세력을 수습하고 나서 육지를 다시 공격하기 시작합니다. 그래서 전라도와 경상도의 남해안 일대를 석권하다시피 하는데, 문제는 이 지역에 조운로가 있었다는 것이죠. 따라서 세곡을 개경으로 옮기는 조운선이 지나가는 길목을 삼별초가 장악하고 경상도와 전라도에서 받은 세곡을 빼앗아 제주도로 가지고 가는 일도 벌어집니다.[‡]

류근 우리가 아는, 지치지 않는 불굴의 항몽 이미지가 이렇게 구축되는 것 같아요.

최태성 그래서 얘기는 반복됩니다. 몽골이 삼별초를 다시 회유하려고 합니다. 그때 삼별초의 반응은 어땠을까요?

류근 수세에 처한 상태인데, 좀 달라졌겠죠? 이때쯤이면 한 번은 응해 볼 만한데 말이죠.

† 김방경과 흔두, 홍차구, 왕희, 왕옹 등이 3군을 거느리고 진도를 토벌하여 크게 격파하고, 가짜 왕[僞王] 승화후 왕온을 죽였다.
—『고려사』「세가」 원종 12년(1271) 5월 15일

‡ 삼별초가 전라도에서 공납하는 쌀 800석을 약탈하였다.
—『고려사』「세가」 원종 13년(1272) 8월

삼별초의 최후

최태성 응하지 않습니다. 그러니까 몽골군은 어쩔 수 없이 또 전쟁해야 하는 거예요. 일본 원정을 떠나야 하기 때문에 사전 정지 작업이 필요했던 거죠. 그래서 제주도를 대대적으로 공격해 들어갑니다. 세 개 지점으로 나누어 진도에서와 마찬가지로 협공 작전을 통해 결국은 삼별초를 또 진압하죠. 그런데 이때도 김통정을 비롯한 일흔 명 정도는 산으로 들어가서 끝까지 저항합니다. 그 과정에서 김통정은 자결로 생을 마감하죠.† 결국에는 진압 작전이 1273년(원종 14) 4월 28일에 종료되면서 삼별초의 항쟁은 공식적으로 끝납니다.

최원정 초반에 삼별초에 관한 이미지가 확 바뀌면서 충격을 받고 시작했잖아요. 삼별초가 고려 내에서 반몽 항전의 구심점이 되었던 건 사실이지만, 봉기한 동기에 관해서는 많은 얘기를 나눴고요.

최태성 물론 삼별초라는 조직이 최씨 무신 정권을 지키기 위한 조직으로 출발한 건 맞습니다. 하지만 항쟁하는 과정 속에서 그 무엇보다도 바로 항몽이라는 부분에 초점을 맞춘 점, 그리고 그 과정에 민중의 힘이 들어와 있었다는 점은 그대로 인정해 줘야 합니다.

이해영 초반에 의외의 반전인 삼별초의 태생을 본 후 약간 거리를 두고 객관적으로 보려 했는데, 이야기를 쭉 듣고 나서 생각해 보니까 당시에 힘과 뜻을 보탰던 백성 모두가 정말 영웅이었다는 생각

이 듭니다. 이게 중요한 사항 같아요.

이익주 우리가 흔히 삼별초의 항쟁으로 이야기하는데, 그렇게 단순하지가 않습니다. 삼별초만의 항쟁이 아니라 삼별초를 중심으로 하는 고려 전 백성의 항몽이라는 점에 초점을 맞추어 평가해야 한다고 생각합니다. 게다가 평가는 복합적일 수밖에 없습니다. 외세에 대항해 싸웠다고 해서 무조건 높이 평가할 수 있는 것은 분명 아니겠죠. 고려가 28년 동안 몽골과 싸운 점, 강화를 통해 왕조를 유지하고자 노력한 점 등을 고려해 삼별초를 중심으로 하는 항몽도 종합적으로 새롭게 평가해야 할 필요가 있다고 봅니다.

최원정 역사를 단순하게 평가하는 것에서 벗어나 다양한 시각으로 분석하면 그야말로 새로운 역사가 보인다는 사실을 삼별초에 관해 이야기를 나누면서 알게 됐습니다.

† 김통정이 70여 명을 이끌고 산속으로 도망해 들어가 목을 매고 죽으니, 탐라가 마침내 평정되었다.
—『고려사』「배중손 열전」

1 민란의 시대: 왕후장상의 씨가 따로 있나

1 진승과 오광의 난: 중국 진(秦) 말기인 이세 황제 원년(기원전 209)에 허난성(河南省)의 빈농 출신인 진승이 오광과 함께 거병해 일으킨 농민반란. 진승은 자립해 장초(張楚)를 세우고 왕으로 칭했으나, 이듬해에 진군에 의해 6개월 만에 진압되었다. 그러나 이 반란을 계기로 진나라는 멸망하기 시작했다.

2 특명: 최충헌을 암살하라

1 KGB: 소련의 국가 보안 위원회. 게페우의 후신(後身)으로 1954년에 설치되어, 국가 체제를 옹호하기 위해 국내외에서 정보활동을 하고 반체제 활동을 단속하는 등의 업무를 주요 임무로 했으며, 1991년에 해체되었다.

2 조충(1171~1220): 고려 중기의 무장이자 문신. 자는 담약(湛若). 국자감 대사성과 한림학사를 거쳐 문관으로서 상장군이 되었다. 고종 7년(1220)에 몽골과 동진의 연합군과 함께 거란병을 물리쳤다.

3 동진(東眞): 금의 요동 선무사(遼東宣撫使) 포선만노가 간도(間島) 지방에 세운 대진(大眞)이 두만강 유역으로 쫓겨 오면서 불리게 된 이름. 건국한 지 19년 만에 몽골 세력에 밀려 멸망했다.

3 전쟁의 서막: 몽골 사신 제구예, 살해되다

1 김취려(?~1234): 고려 고종 때의 장군. 조상의 공덕으로 벼슬자리에 올라 정위(正尉)에 임명된 뒤 동궁위(東宮衛)를 거쳐 대장군이 되었다. 고종 3년(1216)과 고종 5년(1218) 두 차례에 걸쳐 쳐들어온 거란병을 크게 무찌르고, 한순과 다지 등의 반란을 평정하는 등 공로가 많아 판병부사에 이르렀다. 성미가 곧고 청백하며, 싸움에서는 기발한 계교를 많이 꾸몄다고 한다.

2 신미양요(辛未洋擾): 조선 고종 8년(1871)에 미국 군함이 강화도 해협에 무력으로 침입한 사건. 미국은 대동강에서 불탄 제너럴셔먼호 사건에 관해 문책하는 동시에 조선을 개항해 통상조약을 맺고자 했으나 격퇴되어 물러났다.

3 제너럴셔먼(General Sherman)호: 조선 고종 3년(1866)에 대동강을 거슬러 올라와 평양에 이르러 통상을 요구하던 미국의 상선. 평양 군민과 충돌하다가 불에 타 침몰했다.

4 몽골과의 화친, 그 후: 고려, 다시 항전을 꾀하다

1 이규보(1168~1241): 고려 중기의 문신이자 문인. 자는 춘경(春卿). 호는 백운거사(白雲居士), 지헌(止軒), 삼혹호선생(三酷好先生). 벼슬은 정당문학을 거쳐 문하시랑평장사 등을 지냈다. 경전(經典)과 사기(史記)와 선교(禪教)를 두루 섭렵했고, 호탕하고 활달한 시풍은 당대를 풍미했으며 명문장가였다. 저서로 『동국이상국집』과 『백운소설(白雲小說)』 등이 있다.

2 『동국이상국집(東國李相國集)』: 고려 고종 28년(1241)에 펴낸 이규보의 문집. 그의 시문(詩文)과 함께 동명왕 본기를 비롯한 역사가 수록되었을 뿐 아니라, 고려 시대에 활자로 인쇄했다는 주자(鑄字) 사실과 국문학에 관한 기록도 많은 문헌으로, 고종 38년(1251)에 보완해 다시 간행했다. 53권 14책.

3 유승단(1168~1232): 고려 고종 때의 문인. 초명은 원순(元淳). 문장이 뛰어났으며 수찬관으로 『명종실록』의 편찬에 참여했고, 원이 침입했을 때 강화 천도를 반대했다.

4 환과고독(鰥寡孤獨): 늙어서 아내 없는 사람, 늙어서 남편 없는 사람, 어려서 어버이 없는 사람, 늙어서 자식 없는 사람을 아울러 이르는 말. 외롭고 의지할 데 없는 처지를 가리키는 말이기도 하다.

5 「여수장우중문시(與隋將于仲文詩)」: 고구려의 명장 을지문덕이 지은 한시. 중국 수의 장수 우중문에게 지어 보낸 것으로, 현제까지 전하는 가장 오래된 한시다.

5 승려 김윤후, 세계 최강 몽골군을 두 번 무찌르다

1 조헌(1544~1592): 조선 선조 때의 문신이자 의병장, 학자. 자는 여식(汝式). 호는 중봉(重峯), 도원(陶原), 후율(後栗). 이이의 문인으로 기발이승 일도설(氣發理乘一途說)을 지지해 스승의 학문을 계승하고 발전시켰다. 임진왜란 때 옥천과 홍성 등지에서 의병을 일으켜 활약했으나, 금산에서 700 의병과 함께 전사했다. 저서로 『중봉집』이 있으며, 『청구영언』에 시조 세 수가 전한다.

2 『중봉집(重峯集)』: 조선 시대의 학자 조헌의 시문집. 조헌이 선조 7년(1574)에 중국에 갔다 온 뒤에 쓴 『동환봉사(東還封事)』 1권과 『항의신편(抗義新編)』 2권을 안방준과 유장이 편찬했다. 책명이 『유적(遺跡)』과 『유고(遺稿)』, 『선우록(先憂錄)』으로 되어 있던 것을 숙종 24년(1698)에 『중봉집』으로 일원화했다. 원집 13권, 부록 7권.

3 권투나 레슬링 등에서 선수의 몸무게에 따라 분류한 등급 중 가장 무거운 체급. 권투에서는 아마추어가 82~91킬로그램, 프로가 86.1킬로그램 이상이며, 레슬링에서는 아마추어 국제경기의 경우 100킬로그램급이다.

4 권투나 레슬링, 역도 등에서 정한 체중 등급의 하나. 권투에서는 플라이급과 주니어 페더급 사이에 해당하고 레슬링과 역도에서는 페더급과 플라이급의 사이에 해당한다.

5 이완용(1858~1926): 조선 고종 때의 친일파. 자는 경덕(敬德). 호는 일당(一堂). 1910년에 총리대신으로 정부의 전권위원이 되어 한일 병합조약을 체결하는 등 민족을 반역했으며, 일본 정부로부터 백작(伯爵)을 받고 조선총독부 중추원 고문을 지냈다.

6 황룡사: 경상북도 경주에 있던 절. 신라 진흥왕 때에 착공해 선덕여왕 14년(645)에 완성한 것으로, 신라 호국 신앙의 중심지였다. 고려 고종 때에 몽골군의 침입으로 소실되어 지금은 터만 남아 있다.

6 쿠빌라이와 원종의 만남, 고려의 운명을 바꾸다

1 쌍성총관부(雙城摠管府): 1258년에 몽골이 고려의 화주(지금의 함경남도 금야군) 이북을 다스리기 위해 설치한 몽골의 지방 관청.

2 악주(鄂州): 중국의 도시 '우창(武昌)'의 옛 이름.

3 개봉(開封, 카이펑): 중국 허난성(河南省) 북부, 황허강(黃河江) 남쪽 기슭에 있는 도시. 전국시대에 위의 도읍지였으며, 북송 때도 도읍지가 되었다.

7 삼별초, 또 하나의 고려를 세우다

1 이승휴(1224~1300): 고려 시대의 학자이자 문인. 자는 휴휴(休休). 호는 동안거사(動安居士). 서장관으로 원나라에 가서 문명(文名)을 떨쳤으며, 고려로 돌아와 감찰대부, 사림승지(詞林承旨) 등의 벼슬을 지냈다. 저서로

『제왕운기』와 『동안거사문집』, 『내전록(內典錄)』 등이 있다.

---

2 『동안거사문집(動安居士文集)』: 고려 공민왕 8년(1359)에 이승휴의 아들 이연종과 조카사위 안극인이 간행한 이승휴의 문집. 별책으로 『제왕운기』가 있다. 4권 1책.

이 책에 도움을 주신 분들

류근 시인. 중앙대학교 문예창작학과 및 같은 학교 대학원 문예창작학과를 졸업했고, 1992년에 《문화일보》 신춘문예로 등단했다. 저서로 『상처적 체질』과 『사랑이 다시 내게 말을 거네』, 『싸나희 순정』, 『어떻게든 이별』, 『함부로 사랑에 속아주는 버릇』이 있다.

박금수 사단법인 전통무예십팔기보존회 사무국장 및 서울대학교 체육교육과 강사, 충북국제무예액션영화제 운영위원. 서울대학교 전기공학부 및 같은 학교 대학원 체육교육과를 졸업했다. 「조선 후기 무예와 진법의 훈련에 관한 연구」로 박사 학위를 받았으며, 주요 논문에 「조선 후기 공식무예의 명칭 십팔기에 관한 연구」 등이 있고, 저서로 『조선의 武와 전쟁』이 있다.

이광용 KBS 아나운서. 연세대학교 사회학과를 졸업했다. 「스포츠 하이라이트」와 「걸어서 세계속으로」, 「이광용의 옐로우카드」, 「토론쇼 시민의회」 등을 진행했으며, 2018 러시아 월드컵 메인 캐스터로 활약했다.

이윤석 개그맨. 연세대학교 국문학과를 졸업하고, 중앙대학교 신문방송학과에서 박사 학위를 취득했다. 경기대학교 엔터테인먼트경영대학원 겸임 교수를 거쳐 현재 서울예술전문학교 학부장을 맡고 있다. 1993년 MBC 개그 콘테스트에서 금상을 받으며 개그계에 입문한 뒤 그해 MBC 「웃으면 복이 와요」에서 개그맨 서경석과 콤비를 이룬 코너로 전 국민의 사랑을 받았다. 이후 MBC 간판 예능 프로그램인 「일요일 일요일 밤에」, KBS 「쾌적 한국 미수다」 등에 출연하였다. 1995년 MBC 방송연예대상 신인상, 2004년 MBC 방송연예대상 쇼 버라이어티 부문 우수상, 2005년 MBC 방송연예대상 코미디 시트콤 부문 최우수상을 받았다.

이해영 영화감독 및 시나리오 작가. 서울예술대학교 광고창작학과를 졸업했다. 「품행제로」와 「아라한 장풍 대작전」 등의 각본을 썼으며, 연출한 작품으로는 「천하장사 마돈나」와 「페스티발」, 「경성학교: 사라진 소녀들」, 「독전」 등이 있다.

고려 편 3권

만적에서 배중손까지

1판 1쇄 찍음 2019년 6월 17일
1판 1쇄 펴냄 2019년 6월 24일
지은이 KBS 역사저널 그날 제작팀
발행인 박근섭, 박상준
책임편집 이황재
펴낸곳 (주)민음사
출판등록 1966. 5. 19. (제16-490호)
주소 서울특별시 강남구 도산대로1길 62
강남출판문화센터 5층 (우편번호 06027)
대표전화 02-515-2000 | 팩시밀리 02-515-2007
홈페이지 www.minumsa.com

ISBN 978-89-374-1712-2 (04910)
978-89-374-1700-9 (세트)